Hermann Brünjes

mehr
als ein
Spruch

Kompaktkurs
Glaube

mit Zeichnungen von
Alexander Hermannspann und Thomas Putze

4. überarbeitete Auflage von „Kompaktkurs Glaube"
Frühjahr 2012
Inhalt, Layout, Foto, Satz: Hermann Brünjes
Herausgeber: Freundeskreis Missionarische Dienste (FMD)
Kooperation: Haus kirchlicher Dienste Hannovers
Druck: 1-2-Buch.de
Printed in Germany
ISBN 978-3-942594-27-1
© Autor und FMD

Inhaltsverzeichnis

Vorbemerkungen

Mehr als ein Spruch

„Ihr macht ja doch nur Sprüche!"
Der Mann sieht mich mit einer Mischung aus Hoffnung und Aggression in den Augen an. Eben haben wir darüber gesprochen, dass durch den christlichen Glauben neues Vertrauen wachsen kann, zu sich selbst, zu anderen Menschen und auch zu Gott. Der Mann kann sich das nicht vorstellen. Zu sehr ist er vom Leben enttäuscht worden. Aber in seinen Augen sehe ich eben auch jenen Hoffnungsschimmer. Wenn das wirklich wahr wäre und eben doch kein bloßer ‚Spruch'!?

Ich kann mein Gegenüber verstehen. Sprüche gibt es genug: „Das wird schon wieder!", „Da musst du durch!", „Wo ein Wille ist, da ist auch ein Weg!", „Selbst ist der Mann!", „Hilf dir selbst, so hilft dir Gott!", „Man kriegt ja nichts geschenkt!".
Schon die Ausrufezeichen signalisieren, worum es häufig geht: Viele unserer Sprüche appellieren an uns selbst und gehen davon aus, dass wir unser Leben in den Griff bekommen. Was ja oft auch der Fall ist. Gott sei Dank! Aber oft eben auch nicht.
Sprüche sind nicht deshalb wahr und schon gar nicht hilfreich, weil sie so verbreitet und beliebt sind. Im Gegenteil, oft behindern gewisse ‚Lebensweisheiten' eher meine Lebensentfaltung, als dass sie diese unterstützen. Auch dann, wenn ich sie von meinem Vater, meiner Mutter, meinem Lehrer oder meinem Pastor übernommen habe.
Ja, auch fromme Sprüche sind nicht automatisch hilfreich und wahr, auch dann nicht, wenn sie aus der Bibel zitiert werden. Wenn meine Ratschläge etwa als christliche Sprüche daherkommen, dann kann ich Menschen damit genauso ‚erschlagen' wie mit gut gemeinten „Da musst du eben durch„ – Parolen.

Für Christen ist der Glaube deshalb immer mehr als ein Spruch und auch mehr als die Summe vieler Sprüche. Christlicher Glaube gründet sich überhaupt nicht auf Sprüchen und Redensarten. Er bezieht sich auf eine Person, auf einen uns zugewandten Gott, der sich in Jesus Christus gezeigt hat. Ja, Jesus hat auch viele Worte hinterlassen –

aber nicht seine Worte, sondern er selbst ist das ‚Wort Gottes'. Also: Ich vertraue einer Person und nicht irgendwelchen Sprüchen.

Allerdings kann ich manchen Sprüchen doch etwas abgewinnen. Im Laufe des Lebens und allemal im Laufe der Menschheit haben sich viele Lebenserfahrungen angesammelt, die sich in unseren ‚Sprüchen' artikulieren. Es wird entscheidend sein, in welchem Zusammenhang und Kontext solche Weisheiten geäußert werden. Nicht jeder Spruch stimmt immer. Viele sind mehrdeutig und man muss sie erst einmal interpretieren, bevor sich ihre Wahrheit zeigt.

‚Mehr als ein Spruch' wurde aus zwei Gründen zum Leitthema dieses Glaubenskurses: Hinter vielen Sprüchen und Lebensweisheiten steckt eine tiefe Wahrheit, der nachzugehen es sich lohnt. Und gleichzeitig muss vielen unserer vermeintlichen Lebensweisheiten deutlich widersprochen werden, wenn wir dem Leben auf der Spur bleiben wollen.
Also, viel Freude beim Lesen, gerade auch dann, wenn Sie, wie jener Mann, mit ‚Sprüchen' so Ihre Erfahrungen haben.

1. Zum Stichwort ‚Lesen'

Das Lesen ist ja nicht jedermanns Sache. Leichter ist es, sich einen Film anzuschauen. Und wenn schon Lektüre, dann muss sie spannend sein, mich fesseln und in eine andere Welt versetzen. Ich selbst lese gerne gute Krimis oder Abenteuerromane. Sachbücher sind mehr Pflicht als Kür. Nun, was Sie hier erwartet, ist ein Mittelding zwischen Erzählung und Sachbuch. Es wird also nicht ganz so locker zugehen wie bei ‚Harry Potter', aber auch nicht so mühsam wie beim Physikbuch der Oberstufe. Ich hoffe, Bilder und Beispiele erleichtern Ihnen den Zugang zu dem, was ich Ihnen mitteilen möchte. Am besten, Sie lassen sich Zeit beim Lesen und gönnen sich auch die Überlegungen, zu denen ich in jedem Kapitel einlade.

 Unterstützend kann das Führen eines sogenannten Lese-Tagebuchs sein, in das Sie Ihre Gedanken und Beobachtungen hineinschreiben.
Ursprünglich sind die Inhalte dieses Buches bei Seminaren behandelt worden. Da kann man noch viel

erklären, Geschichten und Beispiele erzählen. Man kann über das Gehörte miteinander reden und Rückfragen an den Referenten stellen. Das geht hier nun nicht – es sei denn, Sie lesen dieses Buch im Rahmen eines Projektes. Dann finden Sie in Kleingruppen oder auf Freizeiten leicht Gesprächspartner und können Ihre Fragen, Widersprüche und eigenen Erfahrungen austauschen. Wenn das möglich ist, und vielleicht finden Sie ja auch einen Gesprächspartner, mit dem Sie das Buch gemeinsam lesen, werden Sie am meisten von ‚Mehr als ein Spruch' profitieren. Mir ging und geht es jedenfalls so: Als ich, damals neunzehn Jahre alt, erstmals Christen begegnete, die überzeugend von ihrem Gauben erzählten, stand ich wie der ‚Ochs vorm Berg' und verstand zunächst gar nichts. Wir haben dann oft bis spät in die Nacht hinein diskutiert. Ich habe meine (meist sehr kritischen) Fragen gestellt, habe Zweifel und irgendwann auch Ängste geäußert. Erst das Gespräch hat mir manche Einsichten vermittelt. So geht es mir im Prinzip bis heute. Mein Tipp also zum Umgang mit diesem Buch: Lesen, darüber reden und von anderen hören - so geht man am besten mit diesen Seiten um und entdeckt, dass der Glaube „mehr als ein Spruch" ist.

2. Hoffnungen und Erwartungen ...

Hoffnungen und Erwartungen öffnen oder verschließen den Zugang zu den Fragen des Glaubens. Wir sollten offen darüber reden und uns gegenseitig nichts vormachen und ich gehe davon aus, dass Sie einen Grund haben, dieses Buch zu lesen. Also haben auch Sie irgendwelche Hoffnungen und Erwartungen ...

Ich erwarte wichtige Hilfen für mein Leben.

Ich suche nach Orientierung. Welche Richtung soll ich beruflich einschlagen? Welcher Partner, welche Partnerin ist der oder die Richtige? Wie soll es nun mit unserer Ehe weitergehen? Wie gehe ich mit meiner Krankheit um? Worauf kommt es im Leben an? Ich ‚stolpere' auf  meinem Lebensweg, bekomme Probleme, gerate in Krisen. Vom griechischen Wort ‚pro-ballein' wird unser deutsches Wort

‚Problem' abgeleitet: „Etwas wird vor mich hingeworfen" ist die Bedeutung. Mein Leben wird unterbrochen. Ich muß ein Hindernis überwinden.

Da macht die Freundin Schluss mit mir oder meine Ehe droht zu zerbrechen und ich frage mich, ob ich irgendwie verkehrt bin. Ich spüre, dass mich Familie, Job und Freizeitgestaltung nicht ausfüllen. Die Herausforderungen im Beruf, aber auch die mit kranken Angehörigen, den Kindern sowie meine Selbstzweifel und depressiven Gefühle wachsen mir über den Kopf. Immer wieder werde ich mit Leid und Ungerechtigkeit konfrontiert: Einerseits möchte ich helfen, andererseits erlebe ich mich als bequem und konsumorientiert. Es sind Entscheidungen zu fällen - aber mir fehlen die Kriterien dafür. Wo geht es lang? Also: Wenn ich mir schon die Mühe mache, nach christlichem Glauben zu fragen, dann deshalb, weil ich konkrete Hilfe für mein Leben suche. Mit Recht! Wenn der Glaube nicht hilft, dann lohnt es sich nicht, sich mit ihm zu beschäftigen.

Ich erwarte Klärungen über die „richtige" Religion.

Der Theologe Dietrich Bonhoeffer hat in den Kriegsjahren einmal prophezeit, dass wir einer „religionslosen Zeit" entgegen gehen. Irrtum! Es dampft nur so vor Religion. Richtig, ‚Kirche' ist für viele nicht besonders attraktiv. Zu steif, zu traditionsgebunden, zu sehr Institution. Aber Religion ist ‚in'. Schüler experimentieren mit Pendel und Gläsern, Erwachsene sparen auf die Reise nach Indien oder (meist auch nicht billiger) meditieren, üben Yoga oder belegen Selbsterfahrungskurse seltsamer Gruppen. Und mal ehrlich - auch wenn es bei Ihnen nicht so exzentrisch zugeht - tief drin steckt doch ein starkes Empfinden. Musik nimmt uns mit in fremde Welten und wir lassen uns darin gerne fallen. Wir surfen, manchmal stundenlang, im weltweiten Netz herum, als ob wir etwas suchten – nur was, das wissen wir nicht so genau. Animiert und unterstützt von Liebesfilmen, Heldenepen und Weltraummärchen träumen wir vom Eintauchen in eine andere Welt. Sind das nicht auch religiöse Gefühle? Besuchen Sie nur einmal eine ganz normale Buchhandlung. Unter der Rubrik Religion und Esoterik finden Sie manchmal weniger Titel aus dem Bereich christlichen Glaubens, dafür aber viele Angebote aus religiösen Ratgebern anderer Ausrichtung.

Und die Antwort der Religionen? Ein Supermarkt. Die Welt ist klein geworden. Neben Ihnen wohnen Moslems. Am Arbeitsplatz begegnen Ihnen Tamilen, die Hindugottheiten verehren. Beim Jogging bekennt sich Ihr Partner zum Buddhismus. Was stimmt denn nun? Woran soll man denn nun glauben? Wenn ich woanders geboren wäre, dann wäre ich nicht Christ, sondern wer weiss was? Worauf kann man sich denn da noch verlassen?

Ich bekenne gerne, dass auch ich manchmal irritiert bin. Die ‚richtige' Religion, das riecht nach Intoleranz und Besserwisserei. Aber da mache ich so nicht mit. Ich werde andere Religionen nicht schlecht machen und schon gar nicht die Menschen, die darin leben. Doch ich werde versuchen, zu erklären, was christlicher Glaube meint und ich bin überzeugt, dass dieser Glaube so kräftig zu leuchten beginnt, dass Sie darin den für sich ‚richtigen' Weg finden.

Ich erwarte ‚mehr' vom christlichen Glauben.

Schon lange bin ich nun Mitglied einer Kirchengemeinde, bin sogar im Haus- oder Gesprächskreis und auch Mitglied eines Gospelchores. Im Prinzip macht mir das Spaß. Ich gehe auch gelegentlich in den  Gottesdienst. Aber irgendetwas fehlt. Es fehlt mir ein Bild von dem, was Christen glauben. Viele einzelne Puzzleteile liegen vor mir. Schon vieles habe ich in den Predigten, in Diskussionsrunden und in Gesprächen gehört, aber das Gesamtbild fehlt mir noch. Ich kann die einzelnen Puzzleteile nicht zuordnen. Nun möchte ich endlich ‚mehr'. Ich möchte der Sache mit dem Glauben auf die Spur kommen.
So oder ähnlich geht es vielen Leuten in den Gemeinden. Auch für sie ist dieses Buch gedacht: Sie sollen sich einmal den ‚Luxus' leisten und eine Gesamtschau dafür bekommen, was die Grundaussagen des christlichen Glaubens sind.
Und wenn Sie seit langer Zeit erstmals wieder nach dem Glauben

fragen? Sie haben den Kontakt zur Kirche verloren. Im Vordergrund standen Studium, Beruf und Familiengründung. Irgendwann aber haben Sie einmal geglaubt, waren vielleicht als Kind oder noch als Jugendlicher aktiv dabei. Und nun spüren Sie, dass der Glaube für Sie wieder eine größere Bedeutung haben könnte. Also haben Sie beschlossen, dieser Spur aus Ihrer Kindheit doch noch einmal nachzugehen. Ich hoffe, Sie finden in diesem Buch Ihre Antworten!

Ich erwarte nichts mehr.

Auch das kann ja eine ‚Erwartung' an so ein Thema wie ‚Glaube' sein: Sie kennen den Laden schon zur Genüge. Seit vielen Jahren sind Sie dabei. Sie haben  sozusagen eine christliche Karriere gemacht: Gebet mit den Eltern am Bettchen, Kindergottesdienst, Jungschar, Jugendkreis, Hauskreis, Mitarbeit in der Gemeinde, vielleicht auch im Kirchenvorstand. Sie kennen das alles. Tausend Mal probiert, nichts gespürt. Wie eine Platte mit Riss, es nudelt immer dieselbe fromme Leier. Nichts Neues für Sie, nur ‚alte Sprüche'. Sie machen das nur noch mit, weil es so bequem ist, weil Sie sich daran gewöhnt haben oder weil Sie niemanden enttäuschen wollen oder aus Pflichtgefühl, aber Leben ist da nicht mehr (oder war noch nie) drin. Leben, das suchen Sie woanders ...
Wir werden noch auf die ‚christlichen' Schäden zu sprechen kommen. „Siehe, ich verkündige Euch große Langeweile", so lautet ja für viele die moderne kirchliche Version der Weihnachtsbotschaft. Man erwartet nichts vom christlichen Glauben.

Damit ist sicher schwer umzugehen, aber ich hoffe, Sie riskieren es noch einmal und gehen den Weg dieses Buches mit. Eigentlich müßten Sie dann neue Töne hören, die Ihnen „große Freude" verkündigen".

3. Ängste und Befürchtungen

Ängste und Befürchtungen können uns blockieren und sollten offen ausgesprochen werden.

Die Angst, manipuliert zu werden.

„Ich arbeite bei den Missionarischen Diensten der Landeskirche und rede jetzt über missionarische Jugendarbeit", so habe ich mich mal (dummerweise) vorgestellt. Mir gegenüber saß ein Mann, der einen ganz roten Kopf bekam. ‚Missionarisch', das war für ihn ein Reizwort. Da wird man über den Tisch gezogen, das riecht nach Zeugen Jehovas und Straßenmission und mancher hat damit schlechte Erfahrungen gemacht.

Und so etwas passiert tatsächlich. Menschen werden manipuliert, vereinnahmt und unter Druck gesetzt. Heraus kommt dann ein Glaube, der in eine furchtbare Enge führt und keine Luft zum Atmen läßt.

Ich kann Sie beruhigen: Ich bin leidenschaftlich gerne Christ. Aber gerade deshalb werde ich ein fairer Gesprächspartner sein. ‚Evangelium' und ‚Freiheit' gehören zusammen. Und wenn Sie sich durch meine Worte eingeengt fühlen, wenn Ihnen die Luft zum Atmen ausgeht, dann sollten Sie sich mit gutem Recht wehren.

Die Angst vor den anderen.

Beim Lesen kann man sich wunderbar zurückziehen. So könnten diese Seiten gerade für jene unter Ihnen eine Hilfe sein, die Angst vor anderen haben. In Seminaren zu diesen Themen ist das schon anders: Da begegnen sich fremde Menschen und sollen miteinander ins Gespräch kommen. Und da erlebe ich immer wieder diese lähmende Angst: „Ich bin anders als die, ich bin nicht fromm genug, womöglich erzählen die was von mir in ihrer Nachbarschaft. Und dann wissen die Leute im Dorf, dass ich mich für Religion interessiere. Da halte ich lieber meinen Mund und sage gar nichts!" Kennen Sie auch solche Gedanken? Hindern sie Sie vielleicht daran, mit anderen über die Fragen des Glaubens oder über dieses Buch zu reden? Schade.

Wie gesagt: Im Gespräch klären sich viele Fragen. Da entdecken wir, dass wir auch mit unseren ,Gott-ist-tot-Gedanken' nicht allein sind. Erst wenn wir uns den anderen mit ihren anderen Meinungen und Überzeugungen öffnen, können wir die eigenen Positionen entdecken, beschreiben und korrigieren.

Die Angst, tatsächlich Gott zu begegnen.

Die Christen haben viele Symbole: Das Kreuz, den Fisch, den Anker. Eines der wichtigsten Symbole ist die Taube. Es ist ein friedliches Symbol. Bei ,Gott', da denken manche eher an einen erhobenen Zeigefinger oder an den Richter und Rächer böser Taten. Das flößt Angst ein. Auch gibt es in manchen frommen Kreisen das Stichwort ,Erweckung', und die Leute rütteln an einem herum, damit man endlich aus seinem nichtchristlichen Tiefschlaf aufwacht. Das ärgert.
Ich möchte Ihnen gerne Angst und Ärger nehmen: Wenn Gott mir die Augen öffnet und mich ,erweckt', dann tut er das ganz behutsam wie ein guter Vater. Ich habe meiner Tochter Hanna ja auch keinen Eimer Wasser ins Gesicht gekippt, wenn sie morgens nicht aus dem Bett kam.
Vor Gott braucht man keine zu Angst haben und man muss sich nicht erschrecken. Er drängt sich nicht auf. Er kommt behutsam und liebevoll. Deshalb ist das Bild mit der Taube passend.
Und es passt, weil deutlich wird, dass Gott nicht verfügbar ist.
Irgendwo auf einem Platz in London habe ich ein kleines Mädchen beobachtet, das Tauben zum Füttern auf seine Hand lockte. Immer wenn es still hielt und wartete, kam eine Taube. Aber immer, wenn es versuchte, die Taube einzufangen, flog der Vogel davon.
So ähnlich ist es auch mit Gott: Gott kommt gerne zu denen, die ihn erwarten, aber er läßt sich nicht zwingen. Gut so. Das schützt Sie auch vor mir und den Argumenten dieses Buches. Die geschicktesten Formulierungen, die besten Argumente und die großartigsten Schwärmereien können Gott nicht zwingen ,bei Ihnen zu landen'.

4. Noch drei Vorbemerkungen ...

Damit Sie wissen, woran Sie sind, will ich gerne offen legen, was ich mit diesem Buch erreichen möchte. Und dann können Sie sich ja überlegen, ob Sie sich darauf einlassen wollen.

Ein neuer Blickwinkel tut gut.

Dieses Bild fasziniert mich. Was sehen Sie? Einen kunstvoll geformten Kelch? Oder sehen Sie zwei Gesichter, die einander zugewandt sind? Ich habe zuerst den Kelch gesehen. Die Gesichter nahm ich erst wahr, als mich jemand darauf aufmerksam machte. Und bis heute muss ich meinen Augen erst einmal einen richtigen „Ruck" geben, um das jeweils andere Bild zu sehen. Einmal auf eine Sichtweise fixiert, bedarf es einige Mühe, anderes zu entdecken.

Ob das mit dem Glauben so ähnlich geht? Sie sehen ihn aus Ihrer Perspektive. Sie haben sich ‚festgesehen' und können nichts Neues entdecken.

Ich möchte Ihnen gerne einen anderen Blickwinkel für den Glauben zeigen und erzählen, was ich sehe. Vielleicht schmerzt es Sie dann, dass Sie bisher so wenig auf dem Glaubens-Bild entdeckt haben. Das kann nur ein heilsamer Schmerz sein. Vielleicht geraten Sie aber auch ins Staunen und beginnen sich an dem zu freuen, was der Glaube Ihnen erschließt.

Wissen und Erfahrung gehören zusammen.

Eine Frau rudert. Gleichmäßig zieht sie ihre Ruder durchs Wasser. Was eigentlich würde geschehen, wenn sie nur eines der beiden Paddel benutzt? Logisch, ihr Boot würde sich im Kreis drehen. Ob wir genau diesen Fehler in unserer Kirche und in den Gemeinden machen? Ich habe den Eindruck, wir benutzen

oft nur ein Paddel. Es geht meistens um Wissen und Erkenntnis. Im Konfirmandenunterricht wird gelehrt und (manchmal) gelernt, im Gottesdienst ist die Predigt meistens das Wichtigste, wir reden, reden und reden ...

Ich traf einmal ein Mädchen, das hatte sich einen Button angesteckt. Darauf stand: „Leben statt Labern". Sie war Mitarbeiterin in der evangelischen Jugend. „Ich will endlich etwas erleben," sagte sie zu mir, „und nicht immer alles nur in der Theorie bereden. Ich will mehr!" Sie hatte Recht.

‚Glaube' kann und darf doch nicht zur intellektuellen Gedankenakrobatik werden und völlig wirkungslos für meine Gefühle, meinen Leib, meine Probleme usw. bleiben. Nein!

Wir werden in diesem Buch zwar viel gedankliche Arbeit tun, aber es geht um einen Glauben, der erlebt, gefühlt, gespürt, getan werden kann.

Ob Sie sich auf so einen Glauben einlassen werden? Dann werden Sie besonders die schon erwähnten Fragen für die Einzelüberlegungen und Gruppengespräche weiterbringen.

Nur das Grundlegende

Ein Hochhaus. Im neunten Stock wird die Welt regiert, im siebten läuft grade eine Party, im dritten herrscht Langeweile. Überall wichtige Fragen, Probleme und Themen.

So auch im ‚Haus des Glaubens'. Auch da gibt es viel zu bedenken. Wie ist das mit dem Frieden in der Welt, mit dem politischen Engagement, der Atomkraft, der Sexualethik, der Ehe, meinen Komplexen, der Berufswahl, den Finanzen der Kirche, den Ängsten vor der Zukunft? Es gibt so viele Glaubensthemen wie es Lebensthemen gibt, weil der Glaube mit allem zu tun hat. Wir können nicht alle Themen angehen, auch wenn sie ganz, ganz wichtig sind. Wir beschränken uns vielmehr auf grundlegende Themen des christlichen Glaubens. Wir verhandeln also nicht die Fragen aus dem siebten oder neunten Stock, sondern die Grundfragen des Glaubens. So wie ein Maurer mit dem Fundament ganz unten anfängt, wenn er ein Haus baut, so fangen wir bei den Grundfragen des christlichen Glaubens an.

Haben Sie die schon abgehakt? Das würde mich sehr wundern. Ja, wenn es einfach nur um angelerntes Wissen ginge, dann wäre es vielleicht möglich, obwohl es ja auch da immer was zu lernen gibt! Aber: Die Erfahrung eines lebendigen Glaubens gestaltet sich in jeder Lebensphase neu. Und da ist es wichtig, sich auf die Fundamente dessen zu besinnen, was mich trägt.

Machen Sie noch weiter mit? Ich hoffe. Dann können wir jetzt gemeinsam herausfinden, welche ‚Sprüche' etwas taugen und welchen wir lieber nicht vertrauen sollten.

Einleitung: Mehr als ein Spruch...
Einzelarbeit und/oder Gruppengespräch:

Ich verschaffe mir Klarheit:
Was erwarte ich, wenn ich mich auf diesen Kurs einlasse?
Welche Ängste und Befürchtungen machen mir zu schaffen?
Welche Sicht von ‚Glauben' habe ich im Moment?
Verbinde ich mit christlichem Glauben eher Wissen oder Erfahrung?
Welches sind für mich die Grundfragen des Glaubens?

„Man lebt nur einmal."
Vom Sinn des Lebens.

Das 1. Kapitel

In Scharen stehen sie samstags an der Straße und trampen in die Stadt. Saturday night fever. Andere buchen Sonne, entfliehn den kalten Regentagen und ziehen den Vögeln gleich nach Süden. Viele ‚hoppen' von Fest zu Fest, sogenanntes ‚Festivalsurfing'. „Wo etwas los ist, da bin ich mittendrin, ich will leben, richtig leben!" Hunger, Hunger nach Leben.

„Man lebt nur einmal!" Und weil das stimmt, müssen Sie und ich das Beste draus machen. Wenn nicht jetzt, wann dann? „Jeder ist seines Glückes Schmied!" Also packen wir es an.

Wie jener junge Mann, der in der IT-Banche Karriere gemacht hat. Er hat es endlich geschafft. Er hat den Posten im Betrieb bekommen, nun kann er selbst bestimmen, wo es lang geht. Er verdient mit dreißig mehr als die meisten Älteren und endlich reicht das Geld für den schmucken schwarzen BMW, den er schon lange auf dem Kieker hat. Man lebt nur einmal!

Sie hat Ärger mit ihrer Mutter. Bei der Sparkasse Karriere machen, das ist Mutters Traumjob für ihre Tochter. Aber die will das nicht. „Ich will da nicht rumsitzen, Geld verwalten und Kunden angrinsen!" „Was willst du denn dann?", fragt die Mutter. Das weiß sie nicht. Sie weiß nur, was sie nicht will, und dass sie mehr will!

Da ist ein Hunger, der aufs Ganze geht, eine Sucht, eine Sehnsucht. Die Sehnsucht danach dieses eine Leben so gut wie irgend möglich zu gestalten. Mit „knurrendem" Herzen stürzen wir uns auf alles, was Leben verspricht. Und wenn wir davon gekostet haben, dann wollen wir mehr, viel mehr ...

1. Ein Hunger, der aufs Ganze geht.

Ihre drei Kinder sind aus dem Haus. Sie wird krank. Was ist bloß los mit ihr? Unsere Mutter war doch immer so lebendig, so voller Leben! Die Kinder sind ratlos, der Arzt äußert seinen Verdacht: „Ihnen fehlt der Lebensinhalt. Das macht Sie depressiv."
Er ist vorzeitig in Rente gegangen. Nun hat er Zeit, viel Zeit. Er reist viel, geht spazieren, schafft sich einen Hund an. Die meiste Zeit verbringt er vor dem Fernseher. Was soll er sonst machen?

Jugendliche werden befragt, wie ihr Lebensgefühl sei. Die Antwort: „Wir sitzen so in Europa rum!" - ein Wartesaal in der 1. Klasse. Wir haben alles, was wir brauchen. Auch wenn wir gerne meckern, wir gehören zu den reichsten Nationen der Welt. Dennoch: Wie bestellt und nicht abgeholt.

Wir veranstalten einen offenen Abend und verteilen Handzettel mit dieser sch...nen Zeichnung. Der Saal wird rappelvoll. Das Thema kommt an. Welches Thema?
Es geht um den Sinn des Lebens. Oder mit anderen Worten: Was soll das Ganze? Was macht das Leben eigentlich lebenswert?

Der Österreichische Neurologe und Psychiater Victor E. Frankl (1905-1997) hat in seinen Büchern vom ‚Leiden am sinnlosen Leben' gesprochen. Viele psychische Krankheiten, viele Gewalttaten und alle Selbstmorde, sagt er, haben hier die eigentliche Ursache: Menschen leiden darunter, dass sie im Leben keinen Sinn mehr entdecken können.

Und immer größer wird dieses Leiden: Jugendliche ohne Zukunft rutschen in die braune Szene und stecken ein Asylheim an. Auch wenn es für hoch qualifizierte Leute wieder Arbeit gibt – weniger gut Ausgebildete, Schulabbrecher und ältere Menschen werden nicht gebraucht. „Was soll das alles?", fragen sich viele Zeitgenossen. Der Anschlag auf das World Trade Centre, Afghanistan, Lybien, das Öl im Golf von Mexiko, Fukushima … wie viele Kriege und Konflikte und wie viele Katastrophen muss es noch geben, damit wir endlich zur

Vernunft kommen? Wenn man sich wegen der Ozon- oder Feinstaubwerte nicht mehr auf die Straße wagen darf, wenn die Politiker korrupt sind, wenn sich die Menschen gegen alle Vernunft die Köpfe einschlagen, wenn jeden Moment und überall ein Kernkraftwerk hochgehen kann - wozu dann noch leben? Ist doch sowieso egal ... Sie denken anders? Hoffentlich.

Aber an der Sinnfrage kommen Sie nicht vorbei.

Anders als das Tier fragt der Mensch nach Sinn.

Armes, reiches Zeckenleben: zweierlei Reize bringen den kleinen Milbenbeißer in Bewegung nämlich Licht und Buttersäure. Bei Dunkelheit krabbelt die Zecke den Baum hinauf, dorthin, wo es am hellsten ist. Beim Duft von Buttersäure werden

Rehrücken oder Menschenhals zum Leckerbissen, auf den sie sich sofort hinunter stürzt. Instinktgesteuert, ohne Überlegung, ohne Entscheidung läuft das ab. Dann, vollgesaugt, lässt sie sich fallen, um sich anschließend zu vermehren. Bei Misserfolg in der Nahrungssuche, klettert sie am Abend erneut dem Licht entgegen. Achtzehn Jahre lang kann eine Zecke notfalls ohne Nahrung bleiben - bis zum nächsten Buttersäurereiz. Instinktgesteuert.

Wir Menschen sind da anders. Wenn wir unser Leben auf nur zwei Reize reduzieren würden, könnten wir nicht überleben. Die Zecke hat alles, was sie zum Leben braucht. Sie sucht nicht mehr und sie braucht nicht mehr.

Auch ‚höhere' Tiere leben ihren Instinkten gemäß, sozusagen ‚identisch' mit sich selbst, es sei denn, wir Menschen haben sie dressiert oder eingesperrt.

Aber wir Menschen sind anders. Wir müssen unser Leben ‚führen'. Wir haben uns zu entscheiden: was essen wir? Wer ist der richtige Partner, die richtige Partnerin? Wollen wir (jetzt und wie viele) Kinder? Welchen Weg gehen wir? Immer wieder muss ich herausfinden, was gut und sinnvoll für mich und andere ist. „Hauptsache, man lebt!", behauptet ein Bekannter von mir und ist stolz auf seinen klugen Spruch. Falsch! Leben tut die Zecke auch und jede Kuh im Stall dampft lebendig vor sich hin. Aber Menschsein, das ist etwas anderes. Wir Menschen wollen und brauchen mehr, viel mehr als solche Sprüche.

Wir wollen und müssen den Sinn unseres Lebens aufspüren.

Hauptsache, ich lebe sinnvoll! Darin besteht die Würde des Menschen. Und deshalb fragen wir, laut oder leise.
Wir brauchen Antwort auf die Frage nach dem Sinn des Lebens. Ich selbst habe mit achtzehn Jahren sehr laut gefragt. Wir hatten damals eine Lehrlingsgruppe, für die ich mich engagiert hatte. Aber wir sind nur auf Widerstände gestoßen. Irgendwann habe ich aufgegeben: Es ist doch alles sinnlos. Ein neuer Anlauf: Hauptsache, es macht Spaß. Aber irgendwann war ich auch das spaß- und lustbetonte Leben satt. Und da habe ich wieder gefragt: was soll das alles?
Besonders laut wird die Frage in Krisen. Wenn Sie die Arbeit verlieren, dann fragen Sie sehr deutlich nach dem Sinn Ihres Lebens. Was bin ich jetzt noch wert? Oder noch schmerzlicher: Wenn Sie selbst oder ein naher Angehöriger einen schweren Unfall haben oder schwer krank werden, dann brechen die existentiellen Fragen auf .
Es ist gut, rechtzeitig zu fragen, was den Sinn des Lebens ausmacht. Warum sollen wir warten, bis wir mit unserem Leben in die Krise geraten. Warum nicht schon jetzt nach Antworten suchen?

2. Wir fragen nach dem Sinn unseres Lebens ...

Der Begriff ‚Sinn' kommt vom althochdeutschen ‚sinnan' und meint soviel wie ‚gehen, wandern, unterwegs sein'. Es geht also nicht um theoretische Erwägungen, sondern um die Bewegung des Lebens, ums Woher, Wozu und Wohin.
Fragen wir also nach dem Sinn unseres Lebens.

Wozu lebe ich?

Als Kinder bekamen wir für den Kirmes in unserer Stadt, dem ‚Erntefest', immer 5,00 DM (ca. 2,50 €). Damit konnten wir machen, was wir wollten. Toll! Aber es hieß nun klug sein, gut zu überlegen, wofür (oder wozu) ich das

Geld gebrauchen will. Und klug, wie ich war, ging ich erst einmal ‚trocken' über den Platz und guckte, wo sich die Investition lohnen könnte. Zwei, dreimal ging ich über den Rummel, ohne etwas von dem Geld auszugeben.

Anders mit meinem Lebenskapital - und mit Ihrem. Sie haben Zeit, Kraft und Fähigkeiten mitbekommen. Toll! Aber Tag für Tag müssen Sie diese investieren und Sie können eben nicht herumgehen in Ihrem Leben und erst mal unverbindlich gucken. Sie müssen leben. Irgendwie.

Und Sie leben, lernen, planen, feiern, lieben, arbeiten, aber wozu eigentlich? Es ist schon merkwürdig: ich weiß genau, wozu alles da ist, oder? Der Stuhl zum Sitzen, der Tisch um was drauf legen, der Stift zum Schreiben, der Computer zum Erfassen von Daten. Von allem weiß ich, wozu es da ist und kann es meist auch richtig einsetzen. Aber wozu sind Sie selbst da? Wissen Sie das auch? Wofür setzen Sie Ihre Zeit ein und Ihre Begabungen? Was machen Sie mit Ihrer Kraft und Ihren Möglichkeiten?

Ein Freund von mir hat vor vielen Jahren ein schönes Bild gebraucht, das mich selbst der Antwort auf die Frage nach dem Sinn ein ganzes Stück näher gebracht hat: da kippt ein dreijähriger Knirps ein Fässchen Tinte in ein Weinglas. Was meinen Sie, ist das richtig oder falsch? Sie sagen „richtig"? Richtig! Der Kleine weiß es ja nicht besser. Er tut aus seiner Sicht etwas Richtiges.

Genau wie Sie. Auch Sie leben richtig. Ich finde es schlimm, wenn Ihnen jemand Ihr Leben madig macht. Solange Sie es nicht besser wissen, werden Sie mit gutem Recht leben, wie es Ihnen in den Sinn kommt oder andere es Ihnen vormachen. Richtig!
Aber, und nochmal zum Bild: Gleichzeitig macht der Knirps das natürlich auch falsch, denn das Weinglas ist für etwas anderes bestimmt, nämlich für guten, klaren Wein.

Ob Sie Ihr Leben wirklich richtig ‚ausgeben' und richtig ‚füllen'? Ob sie Ihre 25, 35, 45 oder 55 Jahre sinnvoll gelebt haben? Wie kriegen Sie das raus? Und da sind wir bei der zweiten Färbung der Sinnfrage.

*W*oher komme ich?

Wenn ich herauskriegen will, wozu etwas da ist, dann frage ich am besten den, der es gemacht hat. Der muss es ja wissen! Der Knirps kann wegen des Weinglases seinen Vater fragen. Der gehört zu den Erwachsenen, die gerne Wein trinken und dafür diese schlanken Gläser herstellen. Jedes Kind weiß das: Wenn ich wissen will, wie was funktioniert oder wozu es gebraucht wird, dann sehe ich in der Gebrauchsanweisung des Herstellers nach und stelle auf diese Weise indirekt einen Kontakt zum Hersteller her.

Das ist interessant. Ich frage den Hersteller.

‚Sinn' hat also nicht einfach nur etwas mit dem richtigen Funktionieren meines Lebens zu tun, sondern vor allem mit einer Beziehung: kommt es zu einer Beziehung, zu einem Kontakt mit meinem ‚Hersteller'? Das ist die Frage! Und natürlich ist das mit meiner Sinn-Frage nicht so einfach wie für den Knirps mit dem Weinglas oder wie bei einem Gegenstand. Mir wird keine ‚Gebrauchsanweisung' mitgegeben. Dennoch, wer nach Sinn fragt, fragt nach dem Urheber seines Lebens.

‚Auctor' sagen die Lateiner. Und das hat etwas mit Autorität zu tun (auch wenn wir das nicht mögen). Der Urheber hat eine Vorstellung von Sinn und Unsinn meines Lebens. Auf ihn hören, die Beziehung zu ihm pflegen, das macht mein Leben sinnvoll.

Gehen Sie noch mit? Oder ahnen Sie `ne ‚fromme' Kurve dieser ja ganz logischen Gedanken. Sie ahnen richtig: Ich glaube, da ss es bei der Sinnfrage zuallererst auf meine Beziehung zu Gott, meinem Schöpfer, den ‚Vater im Himmel' ankommt. Wenn es ihn gibt, dann muss er auch wissen, wozu ich da bin, oder? Und wenn Sie fragen, ob Gott die richtige Adresse für die Sinnfrage ist, ich meine, ja!

Die Bibel benutzt ähnliche Bilder: Zum Beispiel wird Gott mit einem Töpfer verglichen, der gute Gefäße formt (Jesaja 64,7). Der Urheber gibt seinen Geschöpfen ihren Sinn - und nicht irgend jemand anderes oder gar die Geschöpfe selbst.

*W*ohin gehe ich?

Ein Passagierschiff: An Bord pulsiert das Leben - abends Kino, Bar oder in die Disco. Tags liegt man in der Sonne am Swimmingpool, geht shoppen, klönt mit Freunden, pflegt seine Beziehungen ... aber plötzlich ist die Krise da. Man kennt das aus Filmen: Plötzlich werden irgendwelche Bomben entdeckt, oder ein Hurrican bedroht das Schiff, oder ein Eisberg reißt ein Loch in den Rumpf. Und es geschieht (leider) auch im wahren Leben. Die ,Titanic' versinkt im Eismeer, die ,Estonia' in der Ostsee und die ,Costa Concordia' im Mittelmeer – um nur wenige bekannte Beispiele zu nennen. Menschen kämpfen ums nackte Überleben. Die Krise ist da.

Und nun stellt sich die Sinnfrage anders als eben im hellen Sonnenschein. Jetzt ist nicht mehr so wichtig, wie ich mich amüsiere oder meine Zeit verbringe. Ich frage: „Wohin gehe ich? Wohin ist mein Lebensschiff eigentlich unterwegs? Auf welches Ufer fahre ich zu?„ Wenn dieses Ufer nicht Leben, sondern Tod und Sterben heißt - dann kann doch der Weg dorthin nicht sinnvoll sein! Was soll das alles, wenn am Ende der Abgrund steht? So fragt jemand, dessen Leben in eine echte Krise geraten ist.

Ein Bekannter rast mit seiner Kawasaki gegen einen Baum. Der beste Freund stirbt an einer Überdosis Heroin. Ich stehe am Sarg meines Vaters. Nun frage ich nicht mehr nach Ursprung oder Inhalt, sondern nach dem Ziel des Lebens. Besonders drängend wird diese Frage natürlich, wenn ich selbst betroffen bin und mein Leben bedroht ist. Spätestens dann kann ich die Frage nicht verdrängen und muss mich ihr stellen. Wohin gehe ich? Tod oder Leben, was ist das Ziel?

Ob Sprüche Ihnen helfen, Antworten auf solche Fragen zu finden? Ich vermute, die wenigsten. „Da musst du durch!" „Hauptsache gesund!" „Wenn man nur will ... dann geht das schon." „Augen zu und durch!" „Sterben müssen wir alle." Das hört sich klug an, beantwortet aber keine meiner eigentlichen Fragen und hilft mir schon gar nicht in meiner Angst.

Ein Pastor bekam einmal einen mit zittriger Hand geschriebenen Brief. Da stand: „Wenn Sie noch einmal vom Tod reden, dann passiert Ihnen was!" Offenbar hatte es jemand nicht mehr ausgehalten, diesen Pastor vom Tod reden zu hören. Wir halten das schlecht aus, und wie gut, dass es so viele erfreulichere Themen gibt! Gerne schalten wir die schrecklichen Bilder und Nachrichten im Fernsehen ab und gönnen uns lockere Unterhaltung. Und ein Roman mit unsterblichen Helden liest sich besser als die düsteren Aufsätze in guten Zeitungen über die Zukunft unseres Planeten oder ein Buch über die Gefahren der Atomkraft, womöglich illustriert mit Fotoa aus Fukushima.

Trotzdem, eine reale Sicht des Lebens gibt es nur, wenn ich mich mit dem Sterben und dem Tod auseinandersetze. Der Sinn meines Lebens muss auch auf dem Totenbett bestehen, sonst ist er nichts als Illusion.

1. Kapitel: Mehr als ein Spruch...
Einzelarbeit und/oder Gruppengespräch:

Wozu? Woher? Wohin?
Welche der drei Variationen der Sinnfrage ist für Sie im Moment aktuell?
Fragen Sie vor allem nach dem ‚Wozu'?
Oder ist das ‚Woher' oder ‚Wohin' im Moment wichtiger?
Notieren Sie Ihre Antworten.

3. Vom Umgang mit der Sinnfrage

Mißverständnisse

Bevor ich „die Katze aus dem Sack lasse" und Ihnen verrate, welche Entdeckungen ich gemacht habe, will ich noch einige weit verbreitete Missverständnisse beschreiben.

Wir versuchen, die Sinnfrage zu verdrängen.

Ich denke da an einen Zahnarzt, bei dem ich, leider, früher in Behandlung war. Während des Bohrens musste ich immer auf ein Schild starren. Dort stand: „Arbeite, friss und erwirb, zahl Steuern und stirb!" Welch furchtbarer Spruch! Da gibt einer merkwürdige Antworten auf die Sinnfrage. Letztlich hat er sich dieser Frage gar nicht gestellt, sondern sie nur verdrängt. Bloß nicht nachdenken! Drauflosleben wie es eben kommt. „Es kommt, wie´s kommt!" Wie geistreich!

Ich glaube, so gehen viele Leute mit der Sinnfrage um. Als Kinder und Jugendliche fragen wir: Wozu? Wohin? Woher? Später geben wir das Fragen auf. Wir versperren Augen, Ohren und Mund. Wie die Affen... Der Alltag mit seinen Pflichten, Sorgen, Freuden und Problemen lullt uns ein und nimmt uns gefangen. Da bleibt kein Freiraum, grundsätzliche Fragen zu stellen. Und viele Erwachsene winken resigniert ab: „Jedem das Seine. Es gibt ja doch keine Antwort." Verdrängung heißt das Zauberwort. Ein voller Terminkalender und Rund-um-die-Uhr-Beschäftigung schützen mich scheinbar vor allzu verwirrenden Fragen. Und laut muss es sein! In einer Gruppe habe ich mal darum gebeten, dass wir drei Minuten einfach still sind. Schon nach knapp einer Minute wurde ein Jugendlicher ganz hibbelig und fing an, dumme Bemerkungen zu machen. Er konnte offenbar die Stille nicht ertragen - weil sie Raum für solche Fragen gab? Können Sie es ertragen, mal ganz still über den Sinn Ihres Lebens nachzudenken? Ohne auf dem Stuhl hin und her zu rutschen, ohne schnell noch was im Haushalt zu machen, ohne noch schnell mit jemandem zu telefonieren, ohne Radio oder Fernseher aufzudrehen - nur dasitzen und still sein? Oder meinen Sie, dass Sie diese Frage verdrängen oder auf später aufschieben können?

Ich hoffe, schon vorhin habe ich deutlich machen können, dass solche Verdrängung nicht funktioniert. Wir Menschen müssen für unser Leben einen Sinn entdecken, und wenn das nicht reflektiert geschieht, dann machen wir (wie mein ehemaliger Zahnarzt) irgendwelchen Unsinn zum Sinn. Dann meinen wir, irgendwelche Sprüche könnten wirkliche Antworten ersetzen. Aber spätestens in der Krise bricht die Sinnfrage durch.

Wir knüpfen Sinnerfüllung an das Erreichen von Zielen.

Diesen zweiten großen Irrtum zu enttarnen, ist mir besonders wichtig. Die folgende Grafik zeigt einen ‚Lebensbogen', Stationen von der Wiege bis zur Bahre. Zwar gibt es heute nur selten solch gradlinige Lebensläufe. Die meisten Lebensläufe zeigen tiefe Brüche auf, es wiederholt sich manches, Stationen werden übersprungen. Wir gehen nicht nur in jungen Jahren zur Schule, sondern manchmal auch nachdem die Kinder groß sind. Eine Ehe scheitert und die Partnersuche geht von vorne los. Es kommt zu Patchwork-Familien und plötzlich sind wieder kleine Kinder im Haus. Jemand wird arbeitslos und muss umschulen. Und der Krankenwagen kann jederzeit vor der Tür stehen. Also: Die wenigsten Lebensläufe verlaufen sozusagen nach Plan. Trotzdem gehen wir der Einfachheit halber einmal davon aus, dass Ihr Leben halbwegs geordnet verläuft und der Grafik entspricht.

Sie stecken sich Ziele, die Sie erreichen wollen. „Ich will mal mindestens zur Realschule.", „Ich will meinen Abschluss schaffen.", „Ich will Claudia heiraten.", „Ich will eine eigene Wohnung haben.", „Ich will Geld verdienen.", „Ich will mal nach Amerika.", „Ich will ein

Haus bauen.", „Ich will die Firma leiten.", „Ich will gesund bleiben.".
So oder ähnlich lauten die Ziele, die wir uns im Leben setzen.

Ziele sind wichtig, aber nicht die Hauptsache

Ja, es ist gut, dass wir uns etwas vornehmen. Ohne solche Lebensziele
würde es ja nicht vorangehen. Wer Ziele hat, der kommt voran, der
kann auch Schritte gehen. Da verlockt etwas, da spornt mich etwas
an, da kann ich mich dann auch über Erfolge freuen. Ich denke, jeder
von uns kennt das aus Schule, Sport und Berufsleben. Wenn wir
Menschen uns keine Ziele gesetzt hätten, gäbe es heute nicht das, was
wir ,Zivilisation' nennen. Wir würden immer noch Rauchzeichen
geben, statt per Telefon oder Internet zu kommunizieren. Wir
müssten zu Fuß gehen, statt Auto zu fahren. ,Entwicklung' nennen
wir diesen Prozess: Ziele werden gesetzt, wir arbeiten daran und
erreichen sie oft auch. ,Steigerungsspiel' nennt der Soziologe Gerhard
Schulze den Umgang mit den Zielen. Wenn ein Ziel erreicht ist, wird
das nächste gesetzt und angegangen. So wird Energie entfaltet und es
werden ungeheure Kräfte freigesetzt. Gesellschaftlich und privat.
Aber weit verbreitet ist das Missverständnis, dass das Erreichen
dieser Ziele identisch ist mit dem Sinn meines Lebens. Da verbreiten
erwachsene Menschen vermeintliche Lebensweisheiten und machen
fragwürdige Sprüche:
„Hauptsache, man hat Geld und Erfolg",
„Hauptsache, du bist gesund",
„Hauptsache, du hast Arbeit",
„Hauptsache, du schaffst die Schule",
„Hauptsache, das Leben macht Spaß",
„Hauptsache, ihr heiratet bald",
„Hauptsache, die Wirtschaft wächst",
„Hauptsache, unser Verein gewinnt".
Welch ein Unsinn! Natürlich sind das alles
wichtige Ziele. Aber von „Hauptsache" kann
doch wohl nicht die Rede sein!

Deutlich wird das, wenn solche Ziele nicht
erreicht werden können. Da schafft jemand
seinen Schulabschluss nicht, oder die
Beziehung geht in die Brüche, oder Sie

werden krank, oder Sie verlieren Ihren Job, oder mein Verein schafft die Qualifikation zur Kreisklasse nicht, oder die Wachstums-prognosen gehen runter, oder ... Was dann? Wenn die gesteckten Ziele den Sinn meines Lebens, eben die ‚Hauptsache' ausgemacht haben, dann muss ich ja verzweifeln. Dann wäre mein Leben sinnlos geworden.

Es gibt viele traurige Beispiele für diese Verwechslung von Ziel und Sinn: Ein Jugendlicher nimmt sich das Leben, weil er die Schule nicht schafft oder keinen Ausbildungsplatz bekommt. Ein anderer fängt an zu saufen oder landet in der Drogenszene, weil er keine Beziehungen aufbauen kann. Mütter klammern sich an ihre erwachsenen Kinder, weil sie ihren vermeintlichen Lebenssinn nicht aus dem Haus lassen wollen. Väter werden zu Sklaven ihres Jobs und ihrer Vorgesetzten, weil sie Angst um ihren Arbeitsplatz haben ... und es soll sogar Fußballfans geben, bei denen `ne Sicherung durchbrennt, wenn ihr Verein verliert. Zu weit hergeholt? Ich glaube nicht.
In vielen Gesprächen haben mir Menschen von zusammen-brechenden Sinn-Welten erzählt. Und ich erinnere mich noch gut an die Kneipe, in der ich mit 17 Jahren meinen ersten Liebeskummer ertränkt habe. „Ich geb mir selbst eine Party" war die schnulzige Begleitmusik im Radio. Wer ‚Ziele' mit ‚Sinn' verwechselt, dessen Leben muss sinnlos werden, wenn er seine Ziele nicht erreicht.

Den Weg zum Ziel machen?

Allerdings scheint da eine moderne Therapie zu helfen: Nicht das Ziel macht meinen Weg sinnvoll, sondern der Weg selbst ist das Ziel!
Sie kennen vielleicht die griechische Mythologie von Sysiphos: Der tragische Held Sisyphos rollt einen dicken Stein den Berg hinauf. Aber er erreicht niemals sein Ziel. Kurz vor dem Gipfel rollt der Stein wieder hinab und Sisyphos beginnt von vorn. So ist das Leben, entscheiden viele Menschen. Der Weg wird zum Ziel erklärt. Hauptsache, man schiebt seinen Stein. „Wir wissen zwar nicht was wir wollen, aber das mit ganzer Kraft." Dieser Spruch wird zwar ironisch eingesetzt, markiert jedoch oft genug eine traurige Wirklichkeit. „Man muss da eben durch". „Der Weg ist das Ziel". Solche Sprüche klingen modern und klug, sind aber doch irgendwie tragisch. Nicht ankommen (wie langweilig!) will ich, sondern

unterwegs sein. Spaß haben, Aktion, Lust am Leben – Hauptsache ich lebe!

Ob das eine echte Alternative ist? Ich bezweifle das. Für mich jedenfalls nicht. Ich will meine Ziele erreichen. Ich will ‚oben' ankommen und sehe in Sysiphos eine wirklich tragische und keineswegs eine heldenhafte Gestalt.

Wenn Ziele erreicht werden: Das Schiebespiel.

Und wenn ich meine Ziele erreiche? Und wenn Sie Ihre Ziele erreichen? Was dann? Das gibt es ja nicht nur in Romanen oder Hollywood-Filmen: Viele Menschen, die alles erreicht haben, bleiben  trotzdem leer und ausgebrannt. Da hat einer Geld wie Heu, ist von allen anerkannt und hat soviel Zeit fürs Vergnügen, wie er möchte - und doch fehlt ihm etwas. Die Suche hört nicht auf. Und wieder wird deutlich, dass ich Ziele und Sinn verwechselt habe.

Es kommt zum weit verbreiteten ‚Schiebespiel'. Wie das geht? Ganz einfach: Sie schieben die Frage nach sinnvollem und lohnendem Leben von einem Ziel aufs andere.

„Ja, wenn ich erst einmal eine eigene Bude habe! Dann gehts richtig los, dann bin ich frei, dann ...". Ein Mädchen aus unserem Dorf, die dieses Ziel erreicht hatte und in Hamburg lebte, fand bald neue Ziele, von denen sie sich das tolle und sinnvolle Leben versprach: „Ja, wenn ich erst einmal wieder raus kann aus der Großstadt und in einer netten kleinen Stadt mit einem netten Mann ...". Und nach der Hochzeit: „Ja, wenn wir erst einmal Kinder haben, dann ...". Und als zwei Chaoten die Familie bereicherten: „Ja, wenn die Kinder erst mal wieder aus dem Haus sind ...".

Ich fürchte, wenn sie so weiter macht, wird sie wirklich lohnendes Leben immer nur in der Zukunft suchen. Und nachher, auf der Gartenbank mit ihrem inzwischen ebenfalls tattrigen Partner (wenn sie den dann überhaupt noch hat!): „Ach, weißt du noch, damals ...".

Da fragt man sich doch, wann hat diese Frau eigentlich richtig gelebt?! Nein! Ich will mehr! Ich möchte hier und heute leben. „Es lohnt sich!" Das soll für die Gegenwart gelten. Und deshalb will ich mir Ziele stecken und versuchen, sie zu erreichen. Aber Sinn geben diese Ziele meinem Leben nicht.

Entdeckungen

Wie also ist das mit dem „Sinn"? In zwei Bildern möchte ich Ihnen meine Entdeckungen mitteilen. Zunächst das eben gebrauchte Bild vom „Lebensbogen":

‚Sinn' als Fundament meines Lebens

Wenn ich davon spreche, dass ich etwas Sinnvolles tue, dann orientiere ich mich an meinen Zielen. Richtig! Das Ziel adelt mein Handeln als sinnvoll oder enttarnt es als sinnlos. Solange ich zielgerichtet wirke, kann ich mein Tun als sinnvoll 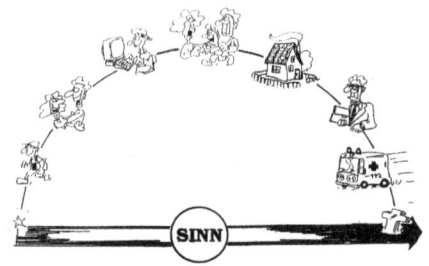 bezeichnen. Allerdings: Die Frage bleibt, ob das Ziel selbst sinnvoll ist. Nur dann kann es mein Handeln ja auch sein.
Wie also ist das mit dem Sinn meiner Ziele? Und folglich mit dem Sinn meines Handelns?

Schon sprachlich kommen wir einer Besonderheit der Sinnfrage auf die Spur: Der Begriff ‚Sinn' wird nur im Singular, in der Einzahl gebraucht. ‚Ziel' dagegen wird auch im Plural verwandt: ‚Ziele'. Davon gibt es also viele. Aber ‚Sinn' gibt es nur einmal.

Damit unterliegt der Sinn hohen Anforderungen: Er muss jederzeit gelten. Gestern, heute, morgen. Er muss auch dann noch tragen, wenn alle Ziele zerbrechen. Also sogar noch dann, wenn ich sterbe.

Ist Ihnen das „zu dick aufgetragen"? Richtig. Wie schon gesagt sprechen wir auch von „sinnvollem Handeln", einem „sinnvollen Beruf" o.ä. Aber woran orientiert sich dieses ‚sinnvoll' denn eigentlich? Da muss doch irgendetwas untergelegt sein, was dem Handeln und dem Beruf ‚Sinn' gibt. Und genau dieses ‚Untergelegte' meine ich jetzt mit Sinn. Das Fundament, auf dem mein Lebenshaus gebaut ist. Die Hauptsache meines Lebens. Die Be-Gründung meines Lebens.

... woran du dein Herz hängst.

„Dein ist mein ganzes Herz ...", das ist die Frage. Und mit „Herz" ist jetzt natürlich nicht die ‚Pumpe' gemeint, sondern ein Bild für mein ganzes Leben. Sachlich meint dieses Bild dasselbe wie das mit dem Fundament: Sinnvoll wird ein Leben erst dann, wenn es sich einem Sinnangebot ausliefert.
Zu Ihrem Lebenssinn erklären Sie das, woran Sie Ihr Herz hängen.
Jesus sagt einmal: „Wo dein Schatz ist, da ist auch dein Herz." Und der Reformator Martin Luther interpretiert: „Woran du dein Herz hängst, das ist dein Gott". Wieder einmal wird also deutlich, dass die Sinnfrage eine durch und durch religiöse Frage ist.

Viele Ziele haben Sie sich gesteckt – oder hatten es zumindest. Möglicherweise kommen immer wieder neue hinzu. Aber irgendetwas ist die ‚Hauptsache'. Darauf bauen Sie Ihre Zukunft, darauf verlassen Sie sich, daran hängen Sie ihr Herz ... Und das ist dann gewissermaßen Ihr Gott.
Das wechselt immer wieder? Dann haben Sie mehrere Götter. Sie hängen sich an nichts, weil Sie frei bleiben wollen? Sie liefern sich an nichts und niemanden aus? Selbst wenn uns Menschen das möglich wäre, ohne solchen totalen Einsatz gibt es kein sinnvolles Leben.

Die entscheidende Frage lautet: Woran kann ich mich wirklich hängen? Was trägt?
Freunde erzählten mir mit leuchtenden Augen vom Bergsteigen. Wer klettert, müsse lernen, sich vertrauensvoll ins Seil einzuhängen und alles auf die Tragkraft des Hakens setzen. Ohne solch ein Vertrauen gäbe es keine Klettererfahrungen!

Ich finde den Vergleich passend. Ohne solches ‚Dranhängen' gibt es auch keine Lebens-Erfahrungen!

Allerdings geht der Vergleich noch weiter: Bevor ich mich selbst riskiere, werde ich Haken und Seil aufmerksam prüfen. Auch wenn ich später vertrauen muss, ist doch vorher aufmerksames Prüfen erforderlich. Sonst wäre Klettern Wahnsinn.

Folglich: Ohne kritisch zu fragen, ob das trägt, worauf ich mich verlasse, wäre auch mein Leben lebensgefährlich. Es gibt Leute, die sagen vorschnell: „Das musst du eben glauben!". Ich halte das für einen dummen Spruch.

Nein, Glauben und Denken schließt einander nicht aus. Vertrauen und Prüfen gehören zusammen. Das gilt beim Klettern, das gilt für die Zeit vor der Ehe, das gilt auch, wenn ich den Sinn meines Lebens suche.

Worauf ist Verlass? Was ‚hält' bis zum Schluss? Was hat Bestand, auch wenn ich meine Ziele nicht erreiche oder erreichte Ziele mich nicht ausfüllen? Diese Fragen will und muss ich mir stellen. Und auch Sie sollten mal durchchecken, was für Sie die ‚Hauptsache' Ihres Lebens ist, woran Sie sich hängen.

Der Vater meines Freundes ist richtig zusammengebrochen, als sein Lebenssinn ‚Firma' pleite ging. Es ist erschütternd, von Sozial-arbeitern zu hören, wie Ihr Lebenssinn ‚Helfen' sie frustriert hat: „Das ist doch nur ein Tropfen auf den heißen Stein!".

Also: Was von allem trägt mich wirklich durch? Was lohnt den Einsatz meines Lebens? Wo werde ich früher oder später nicht enttäuscht? Wem oder worauf kann ich vertrauen?

Auf diese Fragen hin sollten Sie einmal Ihr Leben durchchecken, auch wenn es möglicherweise nicht gerade ein Spaziergang wird. Sie haben Angst, dass die Antwort am Ende heißt: „Da ist nichts!"? Lassen Sie sich nicht verrückt machen! Ich glaube, wenn Sie da auf der Suche bleiben, werden Sie finden – allemal, wenn Sie Gott suchen. Auch in der Bibel, dem Grund-legenden Buch der Christen, geht es immer wieder um die Sinnfrage: Worauf ist Verlass? Worauf kann ich bauen? Woran kann ich mein Herz hängen?

Und die Bibel wird konkret.

Die Bibel macht ein Angebot.

Jesus erzählt dazu einmal eine kurze Geschichte (Matthäus 13,44-46), die ich hier etwas ausgemalt weitererzähle: Da ist ein armer Tagelöhner. Nennen wir ihn Nathan. Er rackert sich auf dem Acker seines Chefs mit dem Pflug ab. Jeden Tag dieselbe Ochserei. Aber eines Tages ist alles anders. Mit hochrotem Kopf kommt er zu seiner

Hütte gelaufen. „Mirjam", ruft er von weitem seiner Frau zu, die gerade Wäsche zum Trocknen ausbreitet, „Mirjam, jetzt wird alles anders!" „Was denn, Nathan? Und was machst du hier so lange vor Feierabend? Dein Chef wird dich rausschmeißen!" „Soll er doch", antwortet Nathan. „Setz dich erst mal. Es ist was Aufregendes passiert. Und ich habe auch schon einen Plan." „Was denn für einen Plan? Was ist los?", Mirjam setzt sich auf einen Stein.

Und aus Nathan sprudelt es heraus: „Stell dir vor, Mirjam, ich pflüge den Acker hinten am Steinbruch. Schon so oft hab ich das gemacht. Und immer wieder haben Steine den Pflug zerbrochen. So, dachte ich, wäre es auch diesmal. Ich stoße mit dem Pflug an einen harten Widerstand. Aber Mirjam, nun halte dich fest: Als ich nachsehe, da ist es nicht ein Stein, sondern eine alte Kiste. Und als ich sie aufbreche ... Mirjam, da liegen dort hunderte von Goldmünzen vor mir. Ich bin auf einen unbezahlbaren Schatz gestoßen!" Mirjam sperrt Augen und Ohren auf: „Nathan, hast du zu lange in der Sonne gestanden? Soll ich 110, den Notarzt rufen? Das gibt`s doch nicht!" Und nach einigem hin und her: „Aber Nathan! Selbst wenn es stimmt. Der Schatz liegt doch auf dem Acker deines Chefs. Wie willst du ihn denn da heben? Das wäre doch Diebstahl." Aber da ist Nathan mit seinem Plan dran: „Es gibt nur einen Weg, Mirjam. Wir verkaufen alles, was wir besitzen, und kaufen den Acker! Einen anderen Weg zu diesem Schatz gibt es nicht." Mirjam ist entsetzt: „Was, alles verkaufen? Auch unsere

Kuh, auf die wir so stolz sind?" „Auch die Kuh!" „Auch unsere Möbel und den tollen Spiegel von Schwiegermutter?" „Auch das alles!" „Etwa auch unseren Hochzeitsschmuck, unsere letzte Sicherheit?!" „Auch ihn", bestätigt Nathan, „nur wenn wir alles einsetzen, bekommen wir den Schatz!" „Aber lohnt sich das denn wirklich?", fragt Mirjam skeptisch. „Ist es dieser Schatz wirklich wert, alles einzusetzen, sich ganz und gar auf ihn zu verlassen in der Zukunft?" Und Nathan sagt: „Allerdings, das lohnt sich wirklich!"

Verstehen Sie das Gleichnis?
Jesus behauptet, dass es auch dem so ergeht, der Gott findet: In seiner Freude gibt er alles und bekommt einen ‚Schatz', an den er sein Herz hängen kann.

Und diese Frage soll uns weiter beschäftigen: Ist der Gott, an den die Christen glauben, wirklich vertrauenswürdig? Kann ich mein ganzes Leben auf ihn bauen, mich an ihn hängen?
Jesus behauptet das: Wer sein Leben festhalten will, der wird es verlieren. Wer es aber verliert um meinetwillen, der wird es gewinnen (Lukas 9,24).

1. Kapitel: Vom Sinn des Lebens
Einzelarbeit und/oder Gruppengespräch:

Meine Antworten bisher ...
Ich nehme mir Zeit, weiter über die Frage nach dem Sinn des Lebens nachzudenken. Welche Antworten habe ich früher gegeben?
Was ist heute eigentlich bei mir das Wichtigste, die ‚Hauptsache' meines Lebens? Woran hängt mein ‚Herz'?
Habe ich ‚Ziele' und ‚Sinn' auch schon verwechselt?
Welche Rolle spielt ‚Gott' eigentlich in meinem Leben?

Mein persönlicher Lebensbogen ...
Und: Ich male meinen ganz persönlichen Lebensbogen. Was sind meine Ziele? Was schreibe ich in das Fundament?

„Oh Gott, oh Gott!"
Von Bildern, die uns prägen.

Das 2. Kapitel

Ohne Zweifel: Bilder prägen. Jene atemberaubenden Tier- und Landschaftsaufnahmen in der Natur-Dokumentation ‚Unsere Erde' (2008) machen Lust auf Leben hier und heute und lassen in uns ein positives Bild unseres blauen Planeten wachsen. Jener Film aus einem Naturpark in Utha weckte in mir die Sehnsucht, solche Orte einmal zu besuchen. Das Foto meiner Frau oder das meiner Familie auf dem Schreibtisch, es erinnert an Schönes und Vertrautes. Ich halte meinen neugeborenen Sohn in den Armen, noch feucht und schrumpelig aber doch genau der, über den ich mich bis heute so freue. Sie sitzen auf der Mauer, jubeln, lassen Sektkorken knallen und mir stehen die Tränen in den Augen: Die Grenze ist offen! Welch ein Bild, zuerst in der Presse, dann in meinem Kopf, dann in meinem Herzen! Bilder beeinflussen mein Leben.

Auch böse Bilder prägen mich. Soldaten kommen aus Afghanistan zurück und der Krieg geht in ihren Träumen weiter. Sie haben furchtbare Bilder des Sterbens gesehen und die bestimmen ihr Leben auch fern von jenen konkreten Bedrohungen. Jemand sieht das zornige Gesicht seines Vaters vor sich, der betrunken die Mutter schlägt. Wieder und wieder werden uns Fotos des durch das Erdbeben und den Tsunami zerstörten Atomkraftwerkes Fokushima vor Augen gestellt oder jene vom 11. September 2001.

Gut, dass wir in der Lage sind, viel zu verdrängen. Aber solche Bilder sind nicht weg. Sie sinken hinab in unser Unbewußtes und prägen es. Sie leiten uns sozusagen von Innen.

Das Gleiche gilt für Bilder, die in mir entstanden sind, ohne dass unbedingt Fotos oder Filme sie ausgelöst haben. Erfahrungen mit meinen Eltern, Erlebnisse mit unterschiedlichen Menschen, kulturelle Vorstellungen und Werte, gesellschaftliche Trends und Vorlieben – all das prägt meine Sichtweisen und Einstellungen.

Sich Gott anvertrauen. Sein Herz an ihn hängen. Dazu habe ich im vorigen Kapitel eingeladen. Die Frage ist ja nur: welche Bilder haben Sie von Gott? Bilder, die Sie locken – oder Bilder, die Sie abschrecken? Rutscht Ihnen eigentlich auch manchmal ein „Oh Gott, oh Gott!" heraus? Was meinen Sie damit? Klagen Sie Gott an? Rufen Sie um Hilfe? Drücken Sie Ihr Entsetzen aus? Oder jammern Sie einfach nur? Drücken Sie aus, wie wichtig Ihnen Gott ist – oder eher wie unwichtig? Was meinen sie, wenn Sie ‚Gott' sagen? Welches Bild von Gott tragen Sie in sich?

Dieser Frage wollen wir jetzt nachgehen. Es geht um Gottesbilder, um jene Lebenserfahrungen, die sie prägen und am Ende natürlich auch um Gott selbst und das Bild, das er selbst von sich zeichnet. Ich lade Sie ein, mit mir zusammen über Gott nachzudenken. Dabei kann ich mir vorstellen, dass so eine Einladung für die meisten von Ihnen reichlich abstrakt klingt.
‚Gott', das ist für die meisten Zeitgenossen ein Begriff mit vielen Fragezeichen. Wenn sie sich überhaupt damit befassen, dann wird mit diesem Thema sehr unterschiedlich umgegangen.

1. Gott: kein Thema für moderne Menschen.

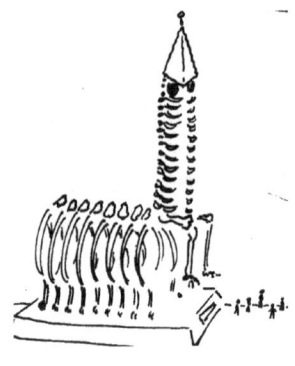

So etwa argumentieren viele unserer Zeitgenossen. Auch wenn durch Steven Spielbergs ‚Jurassic Park' und durch diverse Computeranimationen über die Bewohner der Urzeit die Dinos wieder aus der Versenkung aufgetaucht sind, eigentlich gehören sie ins Museum. Zwar ist es interessant, sich mit ihnen zu befassen, aber sie bekommen keine Bedeutung für das Leben. Und das Dinofieber ist bereits längst wieder verschwunden, nur ein paar Exoten befassen sich noch mit den Sauriern.

Mit dem Thema ‚Gott' ergeht es vielen genauso: Es flammt mal kurz auf - aber dann landet es wieder im (Kirchen-) Museum und wird zum Steckenpferd einiger frommer Exoten und von Kirche und Universitäten gut bezahlten ‚Experten'. Für ‚Otto-Normal-Verbraucher' gehört die Frage nach Gott der Vergangenheit an, oder?

Ich glaube, diese sogenannten ‚modernen' Zeitgenossen irren. Gerade heute, in unserer rationalen Zeit, fragen wir immer stärker nach Gott.

Gibt es überhaupt einen Gott?

So lautet zumeist unsere skeptische Frage. Gut erinnere ich mich an eine Diskussion in einem Internat. Bis nachts um drei hockten wir um eine Kerze herum und diskutierten über diese Frage. Etwas skuril war der Ort, denn wir saßen auf dem Boden des Duschraumes, weil in den Schlafräumen die Nachtruhe galt. Ich habe mich damals kräftig bemüht, Gottes Existenz zu beweisen. „Seht euch doch um,", argumentierte ich, „die tolle Vielfalt der Natur - das kann doch kein Zufall sein!", Aber die jungen Leute konterten sofort: „Tolle Natur? Hast du schon einmal gesehen, wie eine Katze `ne Maus fängt? Wie sie mit ihr spielt, sie quält und zerstückelt? Fressen und gefressen werden - ist das das Gesetz deines Gottes? Und was ist mit dem Tsunami, und mit den Erdbeben? Tausende Menschen sterben wegen dieser tollen Natur!",

Ich versuchte es mit dem Wunder, das wir ‚Mensch' nennen: "Ist doch toll, wie Gott uns gemacht hat! Musik, Kunst, Liebe - woher soll denn das alles kommen, wenn nicht von einem phantasievollen Gott?,, Und wieder griff mein Argument nicht. „Quatsch!", antwortete ein junges Mädchen, „Haß, Neid, Krieg, Folter, Vertreibung, Hunger – so ist der Mensch! Soll das ein Beweis Gottes sein?,,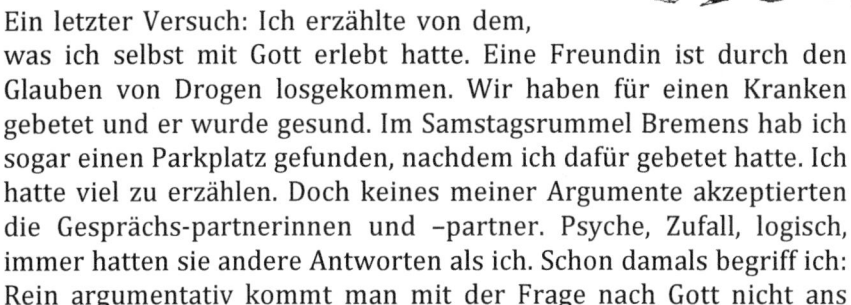
Ein letzter Versuch: Ich erzählte von dem, was ich selbst mit Gott erlebt hatte. Eine Freundin ist durch den Glauben von Drogen losgekommen. Wir haben für einen Kranken gebetet und er wurde gesund. Im Samstagsrummel Bremens hab ich sogar einen Parkplatz gefunden, nachdem ich dafür gebetet hatte. Ich hatte viel zu erzählen. Doch keines meiner Argumente akzeptierten die Gesprächs-partnerinnen und –partner. Psyche, Zufall, logisch, immer hatten sie andere Antworten als ich. Schon damals begriff ich: Rein argumentativ kommt man mit der Frage nach Gott nicht ans Ziel.

Ich wusste es damals noch nicht, aber ich befand mich mit dieser Erkenntnis in guter Gesellschaft. Meine Erfahrung hatten bereits Gottsucher aller Generationen gemacht. Philosophen, Theologen, Naturwissenschaftler, Denker und Dichter – niemand hat es jemals vermocht, Gott zu beweisen. Und mehr als das: wäre Gott zu beweisen, wäre es nicht Gott. Beweise machen eine Sache verfügbar – über Gott kann man nicht verfügen. Beweise sind an Raum und Zeit gebunden, an Natür und Materie – Gott jedoch existiert jenseits davon. Beweisen kann man vielleicht Geschaffenes, nicht aber den Schöpfer. Folglich mühe ich mich umsonst, wenn ich Ihnen Gott beweisen will. Ich kann es nicht.

Ich will es auch gar nicht. Die Frage „Gibt es einen Gott?„ ist nämlich zunächst ohne wirkliche Bedeutung. „Gibt es Marsmenschen?„ Eine Antwort auf diese Frage würde nichts verändern. „Ja!„ – „Na und?! Was hat das mit mir zu tun?„ Erst wenn so ein Ufo landet und die kleinen grünen Männchen vor Ihnen stehen, dann würde sich Ihr Leben verändern!
„Gibt es die Liebe?„ Darüber können Sie natürlich viele schlaue Bücher lesen und Berichte von Verliebten hören. Aber erinnern Sie sich? Da stand sie plötzlich vor Ihnen. Oder er. Und Sie bekamen einen roten Kopf, es verschlug Ihnen die Sprache und Sie stottern sich etwas zu Recht. Sie hatten sich verliebt! Erinnern Sie sich noch? Erst als Sie selbst existenziell betroffen waren, wurde die Liebe zum Lebensthema und gewann an Bedeutung für Sie.
Wir beziehen das einmal auf Gott und fragen deshalb konkreter:
„Wer ist Gott für mich?„

Kann ich Gott begegnen, ihn erleben?

Ahnen Sie, wie spannend es jetzt wird? Wir wollen in diesem Buch nicht ein bißchen herum-philosophieren - auch wenn ich viel von guten Argumenten halte! Wir wollen nicht nach Antworten suchen, die für das Leben dann letztlich doch nichts austragen.

Nein. Die Frage muß heißen: „Gibt es eine Begegnung mit Gott? Kann ein Kontakt zustande kommen? Kann ich eine Beziehung zu Gott aufbauen?„

Und stellen Sie sich vor, das wäre möglich! Dann hätten Sie mit Sicherheit eine Antwort auf die Frage, ob es Gott gibt, auch wenn Sie es anderen nicht beweisen könnten. Anderen die Liebe zu Ihrem Partner oder zu Ihrer Partnerin zu beweisen, dürfte Ihnen übrigens genauso schwer fallen ...

Gott zu begegnen wäre doch mindestens so aufregend wie ein Kontakt zu den grünen Männchen vom Mars - oder wie die erste große Liebe! Ja, es wäre ..., aber diese Überlegungen sind doch bloße Träumerei. Oder? „Ja, es wäre schön, wenn ich Kontakt zu Gott hätte. Dann käme ich auch mit der Sinnfrage weiter, dann ... Aber ...„

Mein Kontakt zu Gott ist zerstört oder abgerissen

„Ich kann nicht glauben, ich habe keine Beziehung mehr zu Gott. Selbst wenn ich als Kind noch gebetet habe - heute ist jeder Kontakt zu Gott abgebrochen. Ich bin wie eine Lampe, die nicht mehr brennt - oder noch nie gebrannt hat, weil der Kontakt zum Stromnetz unterbrochen ist."

Können Sie sich in solche Überlegungen einzeichnen? Dann wäre es hilfreich, im Folgenden nach der Ursache solcher Kontaktstörung zu suchen. So wie bei der Lampe kann es ja verschiedene Gründe haben, dass sie nicht brennt.

Vielleicht ist gar kein Strom da! Dann wäre alle Sehnsucht nach Licht umsonst. Da hatten meine Gesprächspartner im Internat schon recht: Wenn es gar keinen Gott gibt, dann kann er in meinem Leben auch nichts ausrichten. Aber wieso ‚brennen' viele Leute um mich herum, und man spürt ihnen ab, dass sie ihren Gott als ‚Kraftquelle anzapfen'? Leben sie alle von Illusionen?

„Es liegt an dir, dass du Gott nicht erlebst„, argumentieren einige Christen. Im Bild: Kraftstrom ist reichlich da, aber die Birne (Elektriker sagen ‚Lampe') ist kaputt. Das ist tragisch. Da muss ich die Ursache meines Nicht-Glaubens bei mir selbst suchen. Und dann mag es sein, dass ich entdecke: Ich will gar nicht glauben. Meine ‚Hauptsachen', an die ich mein Herz hänge, sind mir wichtiger als Gott. Ich will selbst entscheiden, was ich mit meinem ‚Lebenskapital' tue, und nicht meinen Schöpfer danach fragen.

Aber es gibt noch eine mögliche Ursache der Kontaktstörung. Um die geht es mir jetzt: Da hat jemand den Stecker herausgezogen. Die Lampe kann nicht brennen, auch wenn sie es gerne wollte. „Ich kann nicht glauben", bekennt ein Maurerlehrling, „selbst wenn ich es wollte, irgendetwas in mir sträubt sich dagegen." Und im Gespräch kriegen wir heraus, dass gewisse Erfahrungen, die er gemacht hat, ihm den Zugang zu Gott versperren. Einige solcher Erfahrungen möchte ich jetzt beschreiben, und es mag durchaus sein, dass Sie sich darin wiederfinden.

2. Erfahrungen, die den Kontakt mit Gott verhindern.

Zunächst soll es, und zwar durchaus selbstkritisch, um Erfahrungen mit den Christen und der Kirche gehen:

Erfahrungen mit Christen und Kirche

Statt eines lebendigen Gottes begegnet mir eine tote Weltanschauung

Ich denke an zwei sechzehnjährige Mädchen. „Wir hatten Konfirmandenunterricht", berichteten sie, „aber da mußten wir mehr pauken als in der Schule - und verstanden haben wir kaum etwas." Tief enttäuscht kehrten diese beiden allem den Rücken zu, was mit Kirche und Glaube zu tun hat. Und dabei waren sie mit großen Hoffungen zum „Konfus" gekommen, weil sie dort Antworten auf ihre Lebensfragen suchten. Dreieinigkeit, Jungfrauengeburt, Erwählung, Auferstehung, Wiederkunft Jesu ... Endlos lang erschien ihnen die Liste dessen, was sie alles ‚glauben' sollten. Fürs praktische Leben trug das absolut nichts aus.

Oder ich denke an jene Frau, die ihren Pastor wegen eines Problems aufgesucht hatte. Der hatte ihr dann einige Bibeltexte empfohlen und sie in den Gottesdienst eingeladen. Zeit hatte er nur wenig. Die Frau hat damals beschlossen, niemals wieder etwas von der Kirche und dem ‚Bodenpersonal Gottes' Hilfe zu erwarten.
Fromme Sprüche wollte sie keine mehr hören.

Statt eines spannenden Abenteuers erlebe ich tödliche Langeweile

„Siehe, ich verkündige euch große Langeweile!" War das die Rede des Weihnachtsengels? Jedenfalls ist das für viele Menschen oft die Wirklichkeit in kirchlichen Veranstaltungen. Es ist nichts los. Langweilige Gottesdienste und Predigten, ernste Gesichter, ‚feierliche' Zusammenkünfte, antiquarische Lieder, festgefahrene Traditionen - von sprühender Freude ist nichts zu merken.

Hinzu kommt der Widerspruch zwischen Anspruch und Wirklichkeit. Jugendliche haben sich bei mir oft über Pastoren oder andere Christen beklagt: „Sie reden von Gemeinschaft, aber sobald man im Gottesdienst miteinander redet, kriegt man eins drüber. Sie reden von Vergebung, aber sobald man was falsch macht, gibt´s Zoff. Sie reden von Liebe, aber am Montag geht das Getratsche weiter."
Wir Erwachsenen haben uns da an manches gewöhnt. „So ist das eben!" Wir halten uns Störungen gerne vom Leib und deckeln sie zu, weil wir fürchten, doch nichts ändern zu können. Aber mal ehrlich: solche Widersprüche und kirchliche Langeweile finden wir doch genau so wenig gerade attraktiv, oder?
Wie gesagt, ich selbst spüre, dass ich oft anders lebe, als ich rede. Es geht nicht darum, den Stab über andere zu brechen. Aber ich verstehe, dass Sie bei solchen Erfahrungen nicht gerade das Bild eines dynamischen und starken Gottes bekommen.
Ich erinnere mich an eine meiner Erstbegegnungen mit Christen. Es war eine Religionslehrerin. Sie war sehr, sehr fromm. Sie trug ein graues Kostüm zu grauen Schuhen und einer grauen ‚Hallelujazwiebel' (so nannten wir den altmodischen Haarknoten auf ihrem Kopf, sie selbst nannten wir ‚Texasnudel'). Es mag ja sein, dass

diese Frau igendwie ganz toll war und aus der Verbindung mit Gott viel Kraft schöpfte. Aber uns kam sie vor wie von einem anderen Stern. Wäre ich damals ein Mädchen gewesen, hätte ich wahrscheinlich beschlossen: Ich will alles werden, nur nicht wie ‚Texasnudel'. Das sind Erfahrungen, die mich prägen und den Kontakt zu Gott verhindern.

Vielleicht können Sie aus Ihrer Biografie da jetzt nahtlos anschließen und von Ihrer Konfirmandenzeit reden, oder wie Sie manche Gottesdienste erleben oder welchen Eindruck manche Christen auf Sie machen. Was immer Sie erlebt haben, es prägt Ihre Bilder von christlichem Glauben und von Gott selbst.

Statt der „Freiheit der Kinder Gottes" erlebe ich Macht und Unterdrückung

Ich denke an Helmut. Er kam zu unserem Gesprächskreis. Auf Gott konnte er sich nicht einlassen. Zuerst dachte ich, er will einfach nicht. Dann aber erzählte er von seiner Schule. ‚Sonderschule' nannte er diese zweifelhafte Bildungsanstalt. Eigentlich war es ein Gymnasium. Aber mit der Bibel wurde die Hausordnung gemacht. Die Lehrer  herrschten wie Päpste, und wer etwas hinterfragte, wurde zurechtgewiesen. Ich kann gut verstehen, dass Helmut nun nicht mehr glauben konnte. ‚Glauben', das war für ihn ‚Gehorchen', und ‚Gott', das war für ihn eine ähnliche Gestalt wie damals seine christlichen Lehrer.

Ich hoffe sehr, dass Ihnen solche Erfahrungen mit Kirche und Christen erspart geblieben sind. Oft können wir sie ja auch als menschlich einordnen. Aber manche Menschen wurden davon tief geprägt und von Christen geradezu für den Glauben verdorben.

Vielleicht ist eine Szene aus dem Johannes-Evangelium (Kap.18, Vers 10) ein gutes Beispiel dafür: Der Christ Petrus schlägt einem Mann namens Malchus mit dem Schwert ein Ohr ab. Er verletzt Malchus.

Auch Christen verletzen. Vertrauen wird zerstört. Schiefe Bilder von Gott und dem Glauben werden geprägt - und kein Wunder, dass der so Verletzte nachher nichts mit Petrus und seinem Gott zu tun haben wollen. Auch wenn Petrus es gut meinte (er wollte ja Jesus verteidigen) dem Malchus hat er wahrscheinlich ,den Stecker herausgezogen'.

Und jene, die von kirchlichen Mitarbeitern missbraucht wurden? Es wundert mich nicht, dass durch die Aufdeckung und die Veröffentlichung von Kindesmissbrauch unzählige Menschen die katholische Kirche verlassen haben. Da sind Bilder geprägt worden, die meistens nur ein Ergebnis haben: „Nein, mit dieser Kirche will ich nichts zu tun haben!" Und vielleicht sind viele Menschen in unserem Land noch einen Schritt weiter gegangen: „Nein, mit dem Gott dieser Christen will ich nichts zu tun haben!"

Wie mag es da erst den Opfern gehen? Ob sie noch an einen Gott der Liebe glauben können? Ich fürchte, jene kirchlichen Mitarbeiter, die sie als Kinder für ihre Zwecke missbrauchten, haben nicht nur ihre Seelen tief verwundet, sondern ihnen auch den Zugang zum Gott der Kirche verbaut oder verschüttet.

Gehen wir einen Schritt weiter. Die genannten Beispiele führen zu einer Entdeckung, die für mich wichtig ist. Früher meinte ich immer, der Glaube spiele sich besonders im Kopf ab, in meinen Gedanken und in meinen Vorstellungen. Bestenfalls akzeptierte ich noch das ,Herz' als wichtig für den Glauben. Und damit meinte ich ein irgendwie religiöses Gefühl.

Heute sehe ich das anders. Ich habe entdeckt, dass mein ganzes Leben sich auf den Glauben auswirkt.

Ich kann mir vorstellen, dass auch Sie bisher insgeheim immer schön unterscheiden: Dort der Glaube - hier das Leben. Und heimlich oder offen kommt es zu einer Zweiteilung des Lebens: Der Glaube und Gott ist etwas für das ,religiöse' Leben - und alles andere ist davon nicht berührt. Welch ein Irrtum!

Erfahrungen in meiner Lebensgeschichte

Es sind nicht nur kirchliche Verletzungen, die Menschen am Glauben hindern. Alles bisher Erlebte prägt mich und damit auch meinen Glauben. Meine Lebens- und meine Glaubensgeschichte (oder auch Unglaubensgeschichte) gehören untrennbar zusammen.

Jeder von uns, der Positives erlebt hat, weiß das zu schätzen. Ich war z.B. als Kind und Jugendlicher bei den christlichen Pfadfindern. Das war ein positives Erlebnis mit Kirche und hat mir vermittelt, dass ein Leben mit Gott mindestens naturverbunden sein müßte. Ich habe auch positive Erfahrungen außerhalb von ‚Kirche' gemacht, die sich heute auswirken. Ich hatte zum Beispiel einen sehr guten Freund - und da kann ich mit dem Wort „Jesus ist wie ein Freund!" durchaus etwas Gutes verbinden. Auch bin ich in einer ‚heilen Familie' mit Vater, Mutter und Bruder aufgewachsen. Selbst wenn es mit meinem Bruder und später noch mehr mit meinem Vater immer wieder Streit gab, so habe meine Kindheit doch in vertrauensvoller Geborgenheit meines Zuhauses verlebt.

Leider können jedoch längst nicht alle von solchen positiven Erfahrungen im Leben berichten. Es gibt viele Lebens-Verletzungen, die den Zugang zu Gott versperren. Sie hindern mich daran, mich auf das Fundament ‚Gott' zu stellen, mein Herz an ihn zu hängen und ihn als ‚Schatz' meines Lebens zu erkennen.

Einige solcher inneren Verletzungen will ich hier nennen.

Leiderfahrungen können den Kontakt zu Gott verhindern

Ich rede jetzt nicht von der rein gedanklichen Auseinandersetzung mit dem Thema Leid. Da wäre auch vieles zu sagen - und am Ende hätten wir vielleicht mehr Fragen als Antworten. Aber ich möchte an dieser Stelle keine Diskussion über das Leid im Allgemeinen lostreten, sondern ich rede von selbst erfahrenem Leid.

Ich denke an den Jugendlichen, der mit gebrochenen Beinen in der Chirugie liegt und gerade gehört hat, dass er vielleicht nie wieder gehen kann. Oder ich denke an jenen jungen Mann, der mich mal zusammen schlagen wollte, weil ich seiner Meinung nach keine Ahnung vom Lebenskampf hatte. Heimkind, drogenabhängig, straffällig - das war seine ‚Karriere' in Stichworten. Ein Verlierer, einer, der immer den Kürzeren zieht ... Beide fragen nun bitter und vom Leben enttäuscht: „Warum läßt Gott das zu? Warum gerade ich?" Nun komme ich daher und erzähle von einem ‚gerechten' Gott, oder von einem ‚guten' Gott, oder von einem

‚starken' Gott oder gar einem ‚lieben' Gott. Meinen Sie, dass diese jungen Leute das glauben können? Selbst wenn sie es wollten, sie könnten mir nicht glauben. Zu stark sind die leidvollen Prägungen ihres Lebens.

Besonders prägend sind dabei die Beziehungen zu Menschen, vor allem durch jene, die mir nahe stehen. Was ich in meiner Kindheit oder in meiner Jugend erfahre, hat Auswirkungen auf mein weiteres Leben und auch auf meine Beziehung zu Gott.

Die Beziehung zu meinem Vater prägt mein Bild vom „Vater im Himmel"

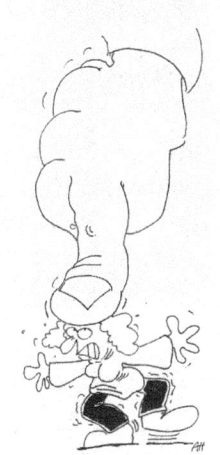

Ein Mitarbeiter betet in unserer Andacht. Immer wieder sagt er: „Lieber Vater ...". Ein Mann um die Vierzig spricht mich darauf an: „Das könnte ich nicht sagen! Ich will mit meinem Vater nichts mehr zu tun haben!" Und dann erzählt er von seinem Vater: Der Spruch „Ordnung ist das halbe Leben", durchzieht dessen Leben wie ein roter Faden. Immerzu meckert er, wenn etwas rumliegt, wenn die Schularbeiten nicht fertig sind, wenn ... Bis heute nörgelt der Alte an seinem Sohn herum. Der hat den falschen Beruf ergriffen, die falsche Frau geheiratet, seine zwei Kinder schlecht erzogen ... Der Vater ist und war Perfektionist, sein Sohn dagegen zu nichts wirklich fähig. „Und es tut weh," erzählt der Mann, „wenn Vater immer ‚Du Dussel' sagt, obwohl ich mir solche Mühe gegeben habe! Distanz, nicht Nähe bestimmt nun unsere Beziehung und ich bin froh, wenn ich ihn nicht sehe!"
Ahnen Sie, was dem Mann jetzt Probleme bereitet, wenn er von Gott als dem Vater hört. „Vater? Nein danke - einer reicht mir!" Vielleicht haben ja auch Sie solch schlechte Erfahrungen mit Ihren Vätern gemacht und halten sich deshalb den ‚Vater im Himmel' vom Leib.

Manchmal habe ich den Eindruck, solche Erfahrungen mit Menschen – und das sind nicht immer nur die Väter - haben viele gemacht. Jedenfalls wird Gott ja oft genug so beschrieben: Wie ein knallharter, distanzierter Polizist oder General. Ordnung, Gerechtigkeit, Schuld,

Strafe, Moral, Distanz - das alles umschreibt das Gottesbild vieler Menschen. Und dann stellt sich oft genug der Polizeiwageneffekt ein, wenn Leute den Namen ‚Gott' hören: Ich fahre gemütlich durchs Leben. Plötzlich die grüne Minna hinter mir. Sofort Fuß vom Gas, in den Rückspiegel blicken, schauen, ob das Licht an ist ... ich werde ganz nervös und mache womöglich erst recht etwas falsch.

So ähnlich empfinden manche Menschen, wenn sie von Gott hören - und der Himmel ist dann die Flensburger Punktekartei mit den Minus-Punkten, die ich auf meiner Lebensfahrt sammle. Ob das (auch) etwas mit unseren Vater-Erfahrungen zu tun hat?

Mein Bild von ‚Liebe' wird durch Lebenserfahrungen geprägt

Das ist ein anderes Beispiel für den Einfluss meiner Lebensgeschichte auf die Beziehung zu Gott.

Da müssen wir natürlich zuerst von der Mutterliebe sprechen, die intensivste Liebesbeziehung unserer Kindheit oder überhaupt. Wenn da etwas schief läuft, dann hat das große Auswirkungen.

Sie ist siebzehn. „Wo warst du?" fragt Mutter. „Bei Sabine", antwortet sie. „Warum kommst du erst nach zwölf?" „Wir haben CDs gehört und die Zeit vergessen." „Und wer war noch dabei?" „Ääh, Klaus" „Aha! Und Ihr habt nur Musik gehört?" „Mutter, hör doch auf zu fragen!" „Aber Kind, ich mein`s doch nur gut!" Kennen Sie auch solche Dialoge? Aus Ihrer Jugend oder ganz aktuell mit Ihren großen Kindern?

Es ist mit Sicherheit gut, wenn Eltern sich um ihre Kinder kümmern. Wer aber das Gefühl hat, dass seine Eltern sich für ihn oder sie nicht interessieren, der wird auch nicht gerade gute Gedanken über die ‚Liebe' Gottes denken. Aber manche Eltern, meist sind es die Mütter, umzingeln ihre Kinder derart mit Liebe und Fürsorge, dass die Luft zum Atmen ausgeht. Vielleicht haben Sie selbst das ja auch so erlebt –

und bis heute mischt sich Ihre Mutter in Ihr Familienleben und sogar in Ihre Ehe ein und Sie kriegen sie, bildlich gesprochen, nicht raus aus Ihrem Schlafzimmer. Sie verletzt ihre Intimsphäre, sie lässt Ihnen keinen Freiraum, sie erdrückt sie mit ihrer Liebe und Nähe.

Und nun predige ich mit feurigen Worten von der Liebe Gottes. Wie werden Sie das wohl hören, wenn Sie eine solche Mutter-Beziehung haben oder sich davon vielleicht gerade freikämpfen? Ich kann es mir denken: „Liebe? Bloß nicht noch mehr davon! Das erdrückt mich!".

Die Liste der Beispiele ließe sich nun verlängern: Sie fühlen sich im Vergleich mit den Geschwistern immerzu benachteiligt, Sie gelten im Studium und am Arbeitsplats als Versager, Ihr bester Freund hat Sie sitzen lassen, Ihre Freundin tratscht Ihre Geheimnisse aus ... Immer wieder werden Sie von Menschen verletzt.

Solche Verletzungen kann man auf den ersten Blick nicht sehen wie ein blutendes Loch im Kopf. Es sind Verletzungen der Seele. Aber die Folgen sind oft verheerend: Sie trauen sich nichts zu. Sie laufen vor Auseinandersetzungen davon. Sie können nicht Nein sagen. Oder, genauso schlimm: Sie sagen zu allem nur Nein. Sie glauben und vertrauen niemandem mehr. Ja, das ist vielleicht die schlimmste Folge von inneren Verletzungen: das tiefe Mißtrauen, mit dem man sich vor weiteren Verletzungen schützen will. Und davon betroffen ist nicht nur Ihre Beziehung zu den Menschen, sondern auch Ihre Beziehung zu Gott.

Ich bin Opfer der Sünde anderer Menschen

,Sünde', das Thema kommt jetzt vielleicht etwas überraschend. Meistens geht es dabei um das, was ich falsch mache und wir verstehen ,Sünde' moralisch. Darüber werden wir später auch noch reden. Aber nun entdecken wir: Ich bin nicht nur Täter, sondern auch Opfer von Sünde.

Sehen Sie das Ohr? Nein, nicht das Ohr des bedauernswerten Knirpses - das des Vaters.

Auch er ist schon ein Opfer und nicht nur Täter. Er gibt die Sünde sozusagen weiter, die sein Vater an ihm verschuldet hatte. So kommt

es zu einer verhängnisvollen Kette von Verletzungen. Wir werden zu Opfern der Sünde anderer und kommen aus diesem Teufelskreis nicht heraus. Unsere Geschichte prägt uns, und oft genug haben Menschen ,den Stecker' herausgezogen, so dass wir es nicht hinkriegen, an Gott zu glauben.
Damit komme ich zu einem Bild, das uns noch öfter beschäftigen wird.

Von Gott getrennt wie durch eine Mauer.

Von Gott getrennt durch Verletzungen der Seele und verzerrte Gottesbilder, wird der Zugang zum christlichen Glauben verhindert.
Wie eine dicke Mauer stellt sich die ,Sünde' zwischen Gott und mich. Viele  Steine in dieser Mauer - vielleicht die dicksten und schwersten - habe nicht ich, sondern haben andere Menschen dort aufgetürmt. Sie haben mich tief verletzt und meine Vertrauensfähigkeit zerstört. Durch ihre Prägung habe ich Gottesbilder in meinem Kopf, die mir das Glauben unmöglich machen. Es ist wie bei einem Projektor: Da liegt ein gräßliches Dia oder ein furchtbarer Film im Apparat und wird nun auf die Leinwand projeziert. Plötzlich sieht man gräßliche Bilder und schreckt mit gutem Recht zurück. Oder ohne Beispiel: Ich habe schlechte Erfahrungen gemacht und muss diese Erfahrungen nun auf Gott projezieren, ob ich will oder nicht. Und wie eine Mauer trennt mich das von Gott. Was also tun?

Angewiesen auf die Heilung von Verletzungen und verkorksten Gottesbilder.

Im Bild vom Projektor: Das schreckliche Dia, die CD oder der Film muß erst einmal raus aus dem Gerät. Es hilft nicht, wenn Sie dem Projektor oder gar der Leinwand Vorwürfe machen. Es helfen auch keine aufmunternden Worte: „Du wirst es schon schaffen." oder „Wenn du nur willst, dann geht das schon mit dem Glauben". Nein, Sie sind tief verletzt. Zuerst muß in Ihnen etwas Krankes weichen und heil werden, was zerstört ist, bevor Sie glauben können. Die Frage ist also nicht: Was soll ich tun? Was soll ich machen? Die Frage ist: Will ich heil und gesund werden? Will ich, dass meine Verletzungen ihre Macht über mich verlieren? Will ich die zerstörenden Gottesbilder loswerden?

Erstaunlich, genau das hat Jesus damals viele Kranke gefragt: „Willst du gesund werden?" Die Bibel erzählt, dass Jesus Kranke geheilt hat. Oft wird dabei ausdrücklich berichtet, dass er vor der Heilung wissen wollte, ob der Kranke dies auch wirklich wollte. „Willst du gesund werden?"

„Quatsch!" mag mancher entgegnen. „Es ist doch logisch, dass jemand, der krank ist, wieder gesund werden will!" Aber so logisch ist das gar nicht. Ich glaube, wir richten uns gerne ein mit unseren ‚Krankheiten'. Da weiß man, was man hat, das gibt Sicherheit. Wenn Vater und Sohn wie zwei Hähne miteinander kämpfen, daran kann man sich gewöhnen. Wenn die Tochter immerzu unter der Fuchtel der Mutter leidet, so kann man damit sich einrichten. Wenn man Vertrauen, Liebe und Nähe ablehnt und sich alles und jeden mißtrauisch vom Leib hält, damit kann man eine prima distanzierte Show abziehen. So selbstverständlich ist es also nicht, dass jemand gesund werden will.

Wenn Sie diese Zeilen für sich allein lesen, sollten Sie sich jetzt etwas Zeit nehmen, das bisher Gelesene zu bedenken. Wenn Sie die Gelegenheit zu Gruppengesprächen haben, ist ein Gespräch darüber spannend. Bitte öffnen Sie sich mit Ihrer vielleicht schmerzhaften Biografie nur so weit, wie es Ihnen selbst möglich ist und fühlen sie sich nicht durch das intime Thema unter Druck gesetzt.
Sie können das Gewicht des Gespräches auch gerne auf Erfahrungen mit Kirche und Christen legen und darüber ins Gespräch kommen, wie das Ihren Glauben, Ihre Zweifel und Ihr Gottesbild beeinflusst hat.

 2. Kapitel: Bilder, die mich prägen
Gruppengespräch / Einzelarbeit

Mein Lebenslauf ...
Ich schreibe die „Stationen" meines bisherigen Lebensweges auf.
Was hat mich besonders geprägt? Welche negativen Erfahrungen habe ich gemacht?
Kenne ich auch solche „Verletzungen" durch Christen und Kirche und durch Eltern, Geschwister, Freunde ...

Wer oder was ist „Gott" für mich?
Besteht eigentlich ein Zusammenhang zwischen meiner Biographie und meinem Glauben oder Unglauben?

„Willst du gesund werden?".
Wenn Jesus mich das heute fragen würde, was würde ich antworten? Was würde ich zurückfragen?

3. Auf dem Weg zur inneren Heilung

Sind Sie die Schritte bis hierher mitgegangen? Ich weiß, dass das gar nicht so einfach ist. In den Seminaren war manchmal jemand, der oder die bei diesem Thema ausgestiegen ist. „Das wird mir zu persönlich!" „Da fürchte ich, dass Wunden aufgerissen werden, die nachher niemand verbinden kann!" Solche oder ähnliche Gründe machen es schwer, sich mit den inneren Verletzungen zu befassen.
Es soll auch nicht darum gehen, nun krampfhaft im Unterbewußten herumzuwühlen und die Lebensgeschichte zu durchforsten, um irgendwelche Verletzungen zu finden. Das wäre so, als ob ich meine Zähne mit dem Hammer abklopfe, um unbedingt irgendwo eine Schmerzstelle zu finden. Nein, das ist wahrlich nicht nötig. Wenn da etwas krank ist, dann meldet sich der Zahn schon von selbst - manchmal ‚leise' und immer wieder, manchmal ‚laut' und so deutlich, dass ich an nichts anderes mehr denken kann.

So ähnlich ist es auch mit den Verletzungen der Seele. Wer betroffen ist, der weiß das. Kaum beginnt er, solche Überlegungen zuzulassen, da kommt die Verletzung in den Sinn und es ist nicht nötig, in der Seele herumzupröckeln. Ihnen fällt nichts ein? Dann überschlagen Sie die nächsten Seiten getrost und lesen im 4. Absatz weiter, wo es um die Gottesbilder geht. Doch wenn Sie Heilung für Ihre inneren Verletzungen suchen oder wenn Die dort Ursachen für Ihre Kontaktstörung mit Gott entdecken oder sie zumindest vermuten, dann sollten Sie die folgenden Schritte mitgehen.

„Willst du gesund werden?"

Bei dieser Frage Jesu waren wir vorhin stehengeblieben. Wie ein guter Arzt behandelt Jesus die Menschen, die mit ihren Leiden zu ihm kommen. Er fragt nach. Er hört hin. Was quält dich? Worunter leidest du? Er zwingt seine Hilfe nicht auf: Er geht nicht durch Palästina und macht in einem Rundumschlag alle Kranken gesund. Nein, er kümmert sich um jene, die zu ihm kommen und seine Hilfe auch wollen. „Willst du?" Ob Jesus schon wußte, was heute allgemein bekannt ist: nur wenn Kranke geheilt werden wollen, hat es Aussicht auf Erfolg? Oder war es Jesus schlicht und einfach wichtig, dass die Leute an der Genesung und Heilung beteiligt wurden? Jedenfalls macht Jesus die Kranken nicht zu einem willenlosen Bündel Körper, so wie es in der heutigen Medizin leider manchmal der Fall ist, sondern er beteiligt sie an ihrer Heilung.

Deshalb habe ich keine Scheu, jetzt von den Schritten zur inneren Heilung zu sprechen. Sie werden merken, dass es sich dabei nicht um „eins, zwei, drei ... und schon bist du frei" handelt. Nein, die Schritte beschreiben einen Prozeß, auf den sich viele eingelassen haben und am Ende konnten sie wieder Vertrauen investieren und den Kontakt zum ‚Vater' oder zur ‚Liebe' Gottes suchen.

Schritte zur inneren Heilung

Ich vergegenwärtige mir meine schmerzhaften Erfahrungen.

Es ist wichtig, klar zu benennen, was mich belastet und was ich anderen nachtrage. Möglichst konkret vergegenwärtige ich mir meine Vorwürfe gegen Eltern, Geschwister, Freunde, Lehrer, Kirche

... eben alles, was mir wehtut. Auch hier ist es wie beim Zahnarzt: Je genauer ich benennen kann, wo der Schmerz sitzt, desto eher kann das Leiden behandelt werden. Zum Sortieren meiner Gedanken empfiehlt es sich wieder, alles aufzuschreiben, was mir einfällt.

Ich gestehe meine eigene Hilflosigkeit ein.

Baron Münchhausen war eines abends mit seinem Pferd in ein Moorloch geraten. Schnell und unaufhaltsam blubberte er in die Tiefe, bis er auf den glorreichen Gedanken kam, sich selbst am Haarschopf zu packen und herauszuziehen.
Eine Lügengeschichte, niemand glaubt solches Seemannsgarn. Und trotzdem leben viele Menschen, als könnten sie sich immer selbst helfen. „Damit werde ich schon fertig!" „Dann geh ich eben von Zuhause weg und bin meinen Vater los!" „Ich laß solche Gedanken einfach nicht an mich heran." „Wo ein Wille ist, da ist auch ein Weg!„
„Yes, we can!" Der Slogan im Präsidentenwahlkampf von Barack Obama mag motivieren und Mut machen – zur Heilung von Krankheiten eignet er sich in der Regel nicht, und zur Überwindung von inneren Verletzungen, Misstrauen und Angst vor Gott und den Menschen schon gar nicht. Es ist eben nichts als ein Spruch! Wie auch jener Strohhalm, an den ich mich gerne klammere: „Die Zeit heilt alle Wunden." Ich kann mir denken, dass Sie darauf Ihre Hoffnungen setzen, dass irgendwann, wenn Sie nur genügend Abstand haben, die Verletzungen z.B. Ihrer Eltern oder Geschwister keine Rolle mehr spielen werden. Irrtum! Weder die Zeit, noch ich selbst mit meiner Lebenskraft werden mit den inneren Verletzungen fertig. Sie liegen zu tief.
Im Bild: Bei uns in der Nähe ist das Zwischenlager Gorleben. Dort hat man die Castorbehälter gelagert, gefüllt mit hochradioaktivem Material. Sie stehen noch immer in geradezu lächerlich dünnwandigen Hallen und warten auf ihre ‚Endlagerung'. Kein Tourist bekommt diese Behälter zu sehen. Irgendwann, allemal wenn der Müll in die tief gelegenen Salzstollen verfrachtet ist, wird

vielleicht sogar die Presse vergessen, was dort lagert. Doch der strahlende Müll ist da. Er ist genauso gefährlich wie damals, als es soviel Wirbel gab. Eines Tages wird er uns vor neue Probleme stellen. So ähnlich ist es mit den Verletzungen meiner Seele: Lange Zeit kann ich sie verdrängen oder mit Aktivität verdecken. Doch ohne fremde Hilfe werde ich sie nicht los.

Ich spreche meine Leiderfahrungen vor Jesus aus.

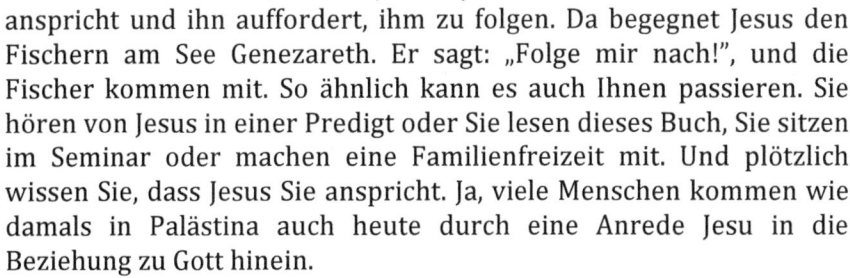

Nun höre ich sofort den Einwand: „Wie kann ich zu Jesus reden, wenn ich gar nicht an ihn glaube? Erst muß ich ihn doch kennenlernen und Klarheit darüber gewinnen, ob es ihn überhaupt gibt!" Ich verstehe solche Bedenken. Doch in der Bibel finden wir zwei Weisen, wie Menschen Kontakt mit Jesus bekommen:
Die eine Weise ist, dass Jesus jemanden anspricht und ihn auffordert, ihm zu folgen. Da begegnet Jesus den Fischern am See Genezareth. Er sagt: „Folge mir nach!", und die Fischer kommen mit. So ähnlich kann es auch Ihnen passieren. Sie hören von Jesus in einer Predigt oder Sie lesen dieses Buch, Sie sitzen im Seminar oder machen eine Familienfreizeit mit. Und plötzlich wissen Sie, dass Jesus Sie anspricht. Ja, viele Menschen kommen wie damals in Palästina auch heute durch eine Anrede Jesu in die Beziehung zu Gott hinein.
Aber es geht zum Glück geschieht das auch noch anders. Auch wenn Sie bisher eine solche ‚Anrede' nicht gehört haben, können Sie Kontakt zu Gott bekommen und etwas mit ihm erleben.

Manchmal schreien Menschen Gott ihre Not entgegen. Denken wir an den blinden Bartimäus. Er kann Jesus nicht sehen. Er hat sicher keine theologischen Vorkenntnisse. Er sitzt nur da und hört, dass Jesus vorbeikommt. Irgendwer hatte ihm wohl auch gesagt, dass Jesus gesund machen kann. Und nun schreit er dem für ihn Unsichtbaren seine Not entgegen: „Herr, hilf mir!" Und Jesus hilft.
‚Reden mit Gott' nennt man Beten. Ich bete - nichts anderes ist so ein Hilferuf. Ich spreche meine Verletzungen und schlechten Erfahrungen vor Jesus aus und auch meine Klagen kann ich Gott im

Gebet sagen. Vielleicht sollten Sie einmal ausprobieren, was passiert, wenn Sie Gott Ihr Leid entgegenschreien.

Dabei kann es durchaus hilfreich sein, das in Gegenwart eines Christen zu tun, zu dem Sie Vertrauen haben. Sie oder er kann Ihnen dann auch raten, was weiter zu tun ist und wird Ihnen, wenn Sie es brauchen, auch eine Therapie vermitteln. Ich selbst habe solche ,Seelsorge', wie es in der Kirche heißt, als sehr befreiend erlebt, zumal, wenn mir der Seelsorger (und das muß keineswegs ein Pastor sein!) unter Handauflegung den Segen Gottes zugesprochen und für meine konkreten Anliegen gebetet hat.

Ich erwarte das Eingreifen Jesu.

Morgen

Heute

Gestern

Dem Malchus fehlte ein Ohr. Petrus hatte ihn verletzt, und weder Petrus noch Malchus konnten daran etwas ändern, aber Jesus. Er heilte den Verletzten. Nicht „We can!", aber „He can!".

Lassen sie es mich in der ,wenn-Form' versuchen: Wenn in Jesus wirklich Gott handelt, dann kann er auch schon Geschehenes korrigieren. Uns ist nur (und das nur bedingt) die kurze Gegenwart verfügbar. Vor Gott aber liegt unser Leben wie ein Film, und er kann an die Zukunft genauso ran wie an die Vergangenheit, da er nicht an Zeit und Raum gebunden ist. Wenn Gott durch Jesus handelt, kann er Ihnen und mir die Belastungen der Vergangenheit wegnehmen.

Deshalb ist es doch einen Versuch wert. Erwarten Sie doch einmal, dass er Ihnen hilft. Mit „erwarten" meine ich jetzt tatsächlich mehr als nur „aussprechen".

Manchmal sind wir wie jener Wanderer mit dem schweren Rucksack. Er packt alles der Reihe nach aus und stöhnt unter seinem Leid. „Siehst du, was da alles drin ist?! Wie soll ich denn damit fertig werden? Das macht mich kaputt!" Und nachdem er alles aufgezählt hat, was er schleppen muß, packt der Wanderer alles wieder ein, geht krumm davon und leidet weiter.

Von Jesus erwarten, dass er hilft, damit meine ich: Überlassen Sie die Verletzungen doch ihm. Packen Sie sie nicht wieder ein. Überlassen Sie es es ihm, was weiter mit Ihrer Not geschieht, wie sich die Beziehung zu Ihrer Mutter weiter gestaltet, oder zu Ihrem Vater, oder ob und wie Sie neues Zutrauen in Ihre Zukunft bekommen ...

Folgendes Gebet könnten Sie sprechen:

Gott, ich weiß nicht, wie ich dich anreden soll,
noch nicht einmal, ob du mich wirklich hörst.
Zweifel leben in mir: Ob du da bist, ob du für mich da bist.
Aber ich habe gehört, dass du helfen kannst.
Und deshalb will ich vor dir aussprechen,
was mir weh getan hat und immer noch weh tut.

Nun sagen Sie Gott all die Verletzungen, die Sie mit sich herum-
schleppen. Am Ende können Sie dann beten:

Gott, da ist noch so vieles, was mich belastet.
Manches kann ich nicht aussprechen,
Vieles fällt mir im Moment auch nicht ein.
Ich weiß immer noch nicht, ob du für mich da bist.
Aber wenn, dann bitte ich dich jetzt:
Komm mit der Kraft deiner heilenden Liebe in mein Leben.
Zieh die Verbitterung und den Groll aus meinen schmerzhaften
Erinnerungen. Fang an, meine Verletzungen zu heilen.
Amen.

Wenn Sie mögen, können Sie Gott auch einen Brief schreiben und
wenn Sie diese Zeilen im Rahmen eines Projektes lesen, wo ein
Gottesdienst gefeiert wird, bringen Sie den Brief mit zum
Abschlussgottesdienst, legen ihn am Altar ab und schauen nachher
zu, wie er verbrannt wird.
Niemand außer Gott wird diesen Brief lesen.

Entlastungen

Damit der Heilungsprozeß nun wirklich weitergeht, möchte ich
Ihnen noch drei wichtige Entlastungen vor Augen malen, die Gott
Ihnen schenken möchte. Sie sind eingeladen, sie für sich gelten zu
lassen.

Ich muß nichts mehr „nachtragen".

„Das vergeß ich dir nie!" droht meine Tochter ihrer Freundin, die sie beim Lehrer angeschwärzt hat, und ab sofort sind die beiden wie Hund und Katze zueinander (inklusive Kratzen, Bellen und Beißen). Meine Tochter tut cool, aber zwischendurch merke ich doch deutlich wie schwer es ist, was sie ihrer Freundin nachträgt. Es belastet und drückt runter.

„Ich kann nicht vergeben noch vergessen, ich trag dir das ein Leben lang nach!" Wer so redet und empfindet, der ist wirklich zu bedauern. Wer trägt denn da? Doch nicht der andere, der mich verletzt hat! Ich bin es, der oder die trägt! Ich trage die ganze Last.

Wer seine Lasten an Gott abgibt, der wird nun wirklich ent-lastet. Der muß nicht mehr nach-tragen, der kann denen vergeben, die an ihm schuldig geworden sind.

Ahnen sie die Befreiung, die darin liegt? Wär doch toll, wenn Sie Ihrer Freundin wieder locker begegnen könnten oder Ihrem Ex-Mann, oder wenn Sie Ihre Mutter wieder umarmen könnten, oder wenn mit Ihrem Vater ohne Angst reden könnten...

Ich kann meinen „inneren Schwüren" eine Absage erteilen.

„Nie mehr rede ich auch nur ein Wort mit ihr", so schwört es sich meine Tochter nach dem Streit mit der Freundin. Ein innerer Schwur, der sie bindet. Inzwischen hat sie es vergessen, es hat sich von selbst eingerenkt, wie das eben bei solchen Jugendfreundschaften ist. Aber mancher Schwur sitzt fest.

„Nie mehr werde ich mich jemandem anvertrauen", schwört eine junge Frau, nachdem die anderen in der Gruppe ihre Geheimnisse herausgetratscht haben. Vertrauensmißbrauch sitzt tief und macht Angst.

„Nie wieder Nähe", schwört der junge Mann, der von der Mutterliebe geradezu geknebelt wird. „Nie wieder ein Mann", beschließt jene Frau, deren Mann sie mit einer anderen betrog. „Nie wieder ..." und jetzt setzen Sie inneren Vorsätze und Schwüre da ein.

Sie haben Recht: Grundsätzlich sollte man Vorsätze und Schwüre halten. Aber solche Schwüre zerstören Ihr Leben. Sie binden Sie wie Fesseln. Und deshalb befreit Gott Sie, die inneren Schwüre zu widerrufen. Gönnen Sie sich das! Vielleicht machen Sie das einmal ganz konkret. Auf einem Spaziergang oder während Sie dies nun lesen, sprechen Sie es aus. Sie sagen ganz laut und deutlich: „Ich widerrufe meinen Schwur, dass ich ..." Vielleicht sagen Sie es nicht nur ins Nichts hinein, sondern vor Gott. Es wird Ihnen gut tun und Ihnen helfen, sich mit Ihrer Vergangenheit auszusöhnen.

Ich kann anderen von dem erzählen, was ich an Befreiung und Heilung erlebt habe.

Es bleibt abzuwarten, ob und wie Sie Gottes Hilfe erleben. Gott läßt sich nicht vorschreiben, wie und wann er wirken soll. Gott ist Gott und nicht unser Butler ... Aber er hat versprochen, zu helfen. Und ich habe viele, viele Menschen getroffen, die davon erzählen konnten.
Zum Beispiel das Mädchen auf der Kreativfreizeit. Sie hat sich nichts zugetraut. Immer hat sie, die Haare wie einen Vorhang vor dem Gesicht, dagesessen und sich von den anderen abgesetzt. Aber dann hat sie Vertrauen zu einem Mitarbeiter bekommen und mit ihm gemeinsam gebetet. Am Tag darauf war sie wie ausgewechselt. Sie machte Pantomime mit, lachte und fand viele Freunde.
Oder ich denke an einen Mann, der immerzu Angst vor dem Sterben hatte, eine richtige, unheimliche Todesangst. Er kann jetzt, immer wenn die Angst erneut kommt, zu Gott beten und findet darin Trost und Lebensmut.
Oder ich denke an den Typen, der mich damals verprügeln wollte, der mit der Heim- und Drogenkarriere. Als sein Kumpel ihn mit mir allein ließ, war all die Show vorbei. Er hat sein ganzes Elend herausgeweint. Wir haben gebetet, und er hat angefangen, sein Leben neu zu ordnen.
Oder ich denke an ... und jetzt könnte ich lange weitererzählen. Es wären gewiß nicht immer die großen ‚Erfolgserlebnisse', die ich zu berichten hätte. Mir selbst sind tragende Beziehungen zerbrochen und daran habe ich bis heute viel zu arbeiten. Mancher muß einen langen Weg der Heilung gehen. Und selbst wenn Vertrauen und Glauben wieder wachsen, ist manchmal auch eine therapeutische Begleitung erforderlich, damit jemand mit dem Leben klar kommt. Aber im Stich gelassen hat Gott noch niemanden.

Ob Sie auch beginnen, von Gottes Hilfe und Ihren Heilungsprozessen zu erzählen? Es wäre ein großer Gewinn für andere Menschen, die ohne Kontakt zu Gott leben.

Nun ein Letztes zu den Bildern, die uns prägen.
Wir haben ja vorhin gesehen, wie sich meine Lebensgeschichte auch auf mein Bild von Gott auswirkt. Ich mache mir Bilder von Gott, anders geht es ja wohl nicht. Und wenn diese Bilder gräßlich sind oder langweilig oder völlig abstrakt, dann habe ich natürlich kein Interesse, diesem Gott zu begegnen. „Oh Gott, oh Gott!" rufe ich dann vieleicht aus, mit Ablehnung und entsetzen in der Stimme. Gott schreckt mich ab. Er ist völlig unattraktiv für mich.
Ob ich den Kontakt suche oder nicht, das hängt also wesentlich von meinen Gottesbildern ab.
Was geschieht, wenn meine inneren Verletzungen ausheilen können? Was passiert, wenn das Zerrbild von Liebe oder vom Vater aus meinem Lebensprojektor verschwindet?

4. Neue Bilder von Gott

Richtig: Ich bekomme neue, einladende Bilder von Gott. Gott kann für mich wieder attraktiv werden, kann mich wieder verlocken.
Vorne habe ich bereits von Jesus erzählt. Ich glaube, dass Gott sich in diesem Mann aus Nazareth gezeigt hat. Wenn das stimmt, dann malt Gott uns von sich ganz andere Bilder vor Augen als jene, die uns wie eine Mauer von ihm trennen.

Gott ist nicht eine kalte Weltanschauung, sondern er begegnet mir als Person.

Das ist wirklich aufregend: Gott wirft mir nicht ein Buch vor den Kopf, so unter dem Motto: „Lies das, und du weißt Bescheid". Er ist auch nicht eine Idee oder ein Kraftfeld, das alles zusammenhält oder gar ein philosophisches Gedankengebilde. Er ist eine Person. Ich kann mit ihm reden, ihn hören, „Du" sagen, eine Beziehung zu ihm aufbauen. So jedenfalls begegnet mir Gott in Jesus Christus. Es ist ein Gott zum Anfassen. Die Hirten sind Hin und Weg, als sie diesen Gott in der Krippe entdecken. Die Kinder strahlen vor Freude, als Jesus sie auf den Arm nimmt.

Gott ist nicht langweilig und ohnmächtig, sondern er greift aktiv in die Geschichte ein.

Da toben die Stürme. Die Jünger fürchten um ihr Leben. Und Jesus steht auf und gebietet dem Sturm. Die Jünger atmen auf. Was ihnen Angst macht, muß schweigen (Markus 6,45-51).

Da berührt eine kranke Frau seinen Mantel. „Wenn ich ihn anrühre, vielleicht hilft mir das", denkt sie. Und sie wird gesund (Matthäus 9,20-22).

Da haben die Leute den Zöllner Zachäus längst aufgegeben: Der wird nie fromm, der hängt doch nur an seinem Geld. Und Jesus gewinnt das Herz des kleinen Mannes vom Zoll (Lukas 19,1-10).

Die Liste ließe sich fast beliebig verlängern: Blinde sehen, Lahme gehen, Aussätzige werden rein, Tote stehen auf und Armen wird die Frohe Botschaft verkündigt (Matthäus 11,5).

Entweder, das sind uralte Märchen, oder wir haben es mit einem starken und geschichtsmächtigen Gott zu tun! Und wenn dieser Gott wirklich lebendig ist, dann wird er doch heutzutage auch in die Geschichte, auch in Ihre und meine Geschichte eingreifen können - oder?

Gott ist nicht ein gnadenloser, distanzierter General oder Polizist, sondern ein guter Vater, der uns liebt.

Sie kennen vielleicht das Gleichnis vom verlorenen Sohn (Lukas 15 ab Vers 11 - wir werden uns damit noch näher befassen). Noch nach Schwein stinkend, kommt der Sohn zerrissen nach Hause. Er hat versagt, er hat seinem Vater wehgetan, er hat das Geld seines Vaters versoffen und verspielt. Aber er hört kein Wort des Vorwurfs. „Wasch dich erst mal, bring dein Leben erst mal in Ordnung, verdiene dir erst mal meine Anerkennung ..." Nichts von dem fordert der Vater zur Versöhnung.

Nein, er läuft seinem Sohn entgegen. Er fällt ihm um den Hals und sucht seine Nähe. Er weint Tränen der Freude über den zurückkehrenden Sohn.

So ist Jesus mit den Menschen umgegangen. So ist Gott.

„Abba" hat Jesus zu Gott gesagt. Das ist aramäisch, die Sprache, die Jesus damals gesprochen hat. Und es heißt ‚Papa' oder ‚Vati' oder ‚Daddy'. Es ist die vertrauensvolle Anrede eines kleinen Kindes, das mit Sicherheit weiß: Vater meint es gut mir mir. Vater kann ich mich anvertrauen. Da muß sich kein ‚Polizeiwageneffekt' einstellen. An diesen Vater kann ich getrost ‚mein Herz verlieren', denn sein Herz schlägt für mich.

Gott engt mich nicht ein, sondern seine Liebe gibt mich frei.

Tatsächlich: Gott gibt uns frei! Der Vater steht am Fenster hinter der Gardine und weint sich die Augen aus. Aber er läuft nicht hinter seinem freiheitsliebenden Sohn her, um ihn festzuhalten (Lukas 15).

Ein reicher junger Mann darf weiter seinen Gott namens Besitz anbeten (Lukas 18), und Jesus läßt ihn schweren Herzens, aber ohne zu zögern, gehen. Auch Sie können in Ihrem Herzen beschließen, dass Sie ohne Gott leben wollen - und er wird sich Ihnen nicht aufzwingen. So ist Gott. Seine Liebe gibt frei.

Bin ich jetzt ins Predigen geraten? Das mag sein. Ich predige deshalb so gerne, weil ich an einen Gott glaube, der heil macht, was kaputt ist. Ich bin überzeugt davon, dass Gott selbst die Mauer durchbricht, die uns von ihm trennt. Nicht wir müssen die Grenzen überwinden. Wir sind auch nicht auf raffinierte Hilfsmittel angewiesen, um Kontakt mit Gott zu bekommen. Gott sucht den Kontakt. Er wird aktiv. Er überwindet die abschreckenden Gottesbilder, die uns prägen und er setzt ihnen attraktive und einladende Erfahrungen entgegen.

Ich vertraue darauf, dass Gott Ihren ,Stecker' wieder reinstecken kann und will, so dass Sie zu ihm und seiner Kraft Kontakt bekommen. Und dann ,leuchtet' es in Ihrem Leben und Sie selbst und andere Menschen werden sich darüber freuen. Auch wenn Sie wegen Ihrer schlechten Erfahrungen heute noch nicht vertrauen können, wenn Sie nicht fähig sind zu ,glauben' - die heilende Kraft Gottes wird das überwinden.

2. Kapitel: Bilder, die mich prägen
Gruppengespräch / Einzelarbeit

Weg der inneren Heilung
Will ich mich auf den Weg zur „inneren Heilung einlassen?"
Wenn nicht - was hindert mich eigentlich?
Wenn ja - dann gehe ich jetzt die in 1.- 4. beschriebenen „Schritte".
Ich schreibe ein Gebet auf und nenne darin, was mich verletzt hat.
(Wenn Sie Rat und Hilfe brauchen suchen Sie doch das Gespräch mit einem Christen, dem Sie vertrauen! Den Brief bringen Sie bitte mit, wenn ein Gottesdienst zu „Mehr als ein Spruch" angeboten wird.)

Entlastungen
Habe ich das schon einmal erlebt?! Wenn Ja, wann und wo?
Wenn nicht, was verhindert das bei mir?

Neue Gottesbilder
Welches der beschriebenen Bilder von Gott fasziniert mich besonders? Warum?

2. Kapitel: Von Bildern, die uns prägen

"Dann gnade dir Gott!"
Von Schuld und Vergebung.

Das 3. Kapitel

"Wenn du jetzt nicht die Wahrheit sagst, dann gnade dir Gott!" Ob so ein Spruch tröstet, aufbaut und neue Perspektiven ermöglicht? Wohl kaum. Ein Satz, der "Wenn ... dann ...!" enthält, erzeugt immer Druck und wirkt bedrohlich. Erst Recht, wenn dabei auch noch Gott ins Spiel kommt. Dabei ist er wahrscheinlich gar nicht gemeint, wenn jemand so redet. Sein Name wird ja oft genug einfach so dahingesagt. Gemeint ist hier vielmehr meine ganz persönliche Drohung. "Wenn du jetzt weiterhin lügst, passiert dir etwas Schlimmes! Dann musst du mit Strafe rechnen. Gnade kannst du von mir jedenfalls nicht erwarten!"
Naja, und von Gott sicher auch nicht.
Oder wird Gott hier tatsächlich als sozusagen letzte Drohung eingesetzt? Auch das soll es ja geben: Mein Kind muss erzogen werden. Meine Aufforderungen laufen ins Leere. "Räum dein Zimmer auf!" "Komm deinen Verpflichtungen im Haushalt nach und sauge das Wohnzimmer!" "Iss deinen Teller leer!" "Mach den Fernseher aus!" "Wenn nicht, dann ..." Ja was, dann? Ich selbst habe nicht die Autorität, das durchzusetzen. Also bediene ich mich diverser anderer "Autoritäten": "Das Wetter wird schlecht, wenn du nicht aufisst." "Der Lehrer gibt dir eine fünf." "Der Pastor konfirmiert dich nicht.". Der liebe Gott oder, wenn es noch schlimmer kommt, dein Vater, wenn er nach Hause kommt, bestraft dich!" Gott als Druckmittel – schrecklich und abschreckend.

Aber steht nicht auch etwas von Gott als dem "Richter" in der Bibel? Gott als letzte Autorität? Richtig. Wenn auch ganz und gar nicht modern. Wurde der Reformator Martin Luther vor 500 Jahren noch von der Frage getrieben "Wie kriege ich einen gnädigen Gott?", so haben wir diese Frage völlig ausgeblendet, mal abgesehen von einer religiös eingefärbten "schwarzen Pädagogik". Für uns ist der Richterstuhl Gottes leer. Ich verantworte mich vor mir selbst – oder?

Ich bin mein eigener Herr. Mir muss niemand gnädig sein und ich bin von niemandes Urteil abhängig. Wenn ich was "ausgefressen" habe, dann muss ich es wieder in Ordnung bringen. Wenn ich schuldig geworden bin, dann muss ich damit selber fertig werden. Und was heißt hier überhaupt "schuldig"? Wer setzt denn da die Maßstäbe? Wer hat denn überhaupt das Recht zu richten? Also: "Gnade dir Gott!" Das kann nur im übertragenen Sinn gemeint sein. "Du musst selbst die Konsequenzen tragen." "Du hast dir was eingebrockt – auslöffeln musst du die Suppe ganz allein!" Von wegen "Gnade Gottes" – der Richterstuhl ist leer!

Ob das wirklich stimmt? Ob sich nicht heimlich andere darauf gesetzt haben? Richtig, wir fragen nicht mehr, wie wir einen gnädigen Gott kriegen. Aber unter der Hand haben wir den Richterstuhl wieder besetzt und die ganze schöne "Aufklärung" und "Säkularisierung" der Moderne haben das nicht verhindert, sondern dazu noch beigetragen. "Wie kriege ich eine gnädige Natur und Umwelt?" "Wie kriege ich eine gnädige Gesellschaft, wie eine gnädige Gruppe, wie eine gnädige Verwandtschaft!" "Wie kriege ich einen gnädigen Ehemann, wie eine gnädige Ehefrau? Und wie werden meine Kindern mir gnädig und kümmern sich um mich?" "Wie kriege ich gnädige Nachbarn im Streit um die Äste über dem Zaun? Wie kriege ich gnädige Kollegen und wie einen gnädigen Chef?"
Es wimmelt nur so von Richtern. Selbst ernannt oder von mir eigenmächtig erkoren und ins Amt gehoben. Ich richte mich nach ihnen, lausche auf ihren Willen, folge ihren Gesetzen. Und wehe, ich mache das nicht! Dann habe ich es oftmals mit gnadenlosen Richtern und Richterinnen zu tun. Ich werde isoliert, gemobbt, schlecht gemacht und degradiert.

Und natürlich übertrage ich solche Angst dann auch auf Gott. Gnade? Wie sollte das aussehen? "Auf Schuld steht Strafe!" Noch so ein von hunderten Erfahrungen geprägter Spruch, eine wahre Lebensweisheit. Wie anders sollte das alles funktionieren?
Ich hoffe, am Ende dieses Kapitels, in dem es um Schuld und Vergebung geht und irgendwie auch um Gericht und Gnade, haben Sie zumindet die Richtung, in der Anworten auf solche Fragen liegen, gefunden.

Eine Mauer, die trennt

Erinnern Sie sich an die Mauer, die uns Menschen von Gott trennt? Wir haben sind dieser Mauer schon im letzten Kapitel begegnet und haben die Namen mancher Steine herausgefunden. Und wir haben entdeckt: Das ist keine harmlose Mauer aus Legosteinen oder Bauklötzen , sondern sie ist aus dicken Quadern unserer Biografie gebaut. Sie trennt.

Wie damals die Mauer in Berlin. Als sie am 13. August 1961 mitten durch die Stadt gebaut wurde, sind Familien auseinandergerissen worden, Freunde konnten sich nicht mehr begegnen und Vereinsmitglieder nicht mehr gemeinsam feiern. Viele Tränen wurden damals geweint, weil das, was zusammengehörte, unerbittlich getrennt wurde.

So ist es auch mit der Mauer der Sünde zwischen Gott und uns Menschen: Sie trennt, was eigentlich zusammengehört.

Und was für eine Freude war das dann am 9. November 1989! Es war kaum zu fassen. Menschen lagen sich in den Armen. Der Sekt floß in Strömen. Und die Freude war nicht deshalb so groß, weil die "Ossis" endlich Bananen kaufen oder die Warenhäuser des Westens stürmen konnten. Nein, weil zusammenkam, was zusammengehörte, deshalb freuten sich die Menschen.

Heute sind wir ernüchtert. Wir haben gemerkt, daß es außer der sichtbaren Betonmauer noch eine Mauer in unseren Köpfen gibt. Sie trennt "Wessis" von "Ossis", sie macht gegenseitiges Verstehen schwer. Nur sehr langsam wird diese Mauer überwunden.

Ob Sie erleben werden, daß die unsichtbare Mauer zwischen Gott und Ihnen zerbricht? Oder dass sie langsam abgebaut wird und Sie freien Zugang zu Gott finden? Die Freude wäre groß!

1. Sünde, nicht Moral

"Typisch Kirche!" sagt eine junge Frau. "Sobald man sich mal sehen läßt, wird einem die Sünde um die Ohren geknallt. Ich kanns nicht mehr hören."
Und sie hat ja recht. "Sünde" ist eines der

Worte, das in der Geschichte unserer Kirche oft mißbraucht wurde. Immer wieder hat man "Sünde" als etwas Moralisches verstanden. Der schwarze Fleck auf weißer Weste. Und dann wird Sünde gern verharmlost: "Wir sind alle kleine Sünderlein", "nobody is perfect", "Das ist schon eine Sünde wert!" "Was macht das schon?". Wir schummeln, schwänzen, lügen, betrügen und haben eben alle unsere Macken. Sünde als "Kavaliersdelikt", eben nur als kleiner schwarzer Fleck. Abschreiben? Das haben wir doch alle mal gemacht – und was ist eine Doktorarbeit schon Besonders. Und dass der Beklagte sich dann mit Schweigen, mit Verdrehen von Tatsachen und und zuletzt mit handfesten Lügen aus der Affäre zieht – auch das ist doch menschlich. Dafür darf er doch nicht bestraft werden. Er soll weitermachen wie bisher...

Ja, es macht auch Spaß, auf die "Sünden" anderer zu zeigen. Ist ja klar, was andere tun, ist viel schlimmer als meine "kleinen" Sünden: die Industriebosse und die Politiker, die neuen und die alten Nazis, die Diktatoren und die Banker, das sind die wirklichen Sünder unserer Zeit. Ein beliebtes Spiel, das wir schon seit dem Sandkastenalter bestens beherrschen: Wenn ich auf die Schuld anderer zeige, fallen meine eigenen Verfehlungen nicht mehr so auf. Es geht dabei um unsere Anständigkeit, um das moralisch richtige Verhalten. Aber es geht nicht mehr um unsere Beziehung zu Gott. Wir sprechen von "Verkehrs- und Umweltsündern", fragen, ob denn "Liebe Sünde sein kann", und Tante Grete wird nach dem dritten Stück Torte als "Sünderin gegen die schlanke Linie" bezeichnet.

Gekonnt übertünchen wir die Steine in der Mauer. Die Farbe heißt "Moralin" - ein zäher Anstrich, der die wirkliche Macht der Sünde bestens zukleistert.

Oft genug ist Sünde dasselbe wie verbotene Lust.

Besonders makaber wird der Umgang mit dem Begriff "Sünde", weil es dabei oft um das geht, was so richtig Spaß macht.
Es macht Spaß, so richtig auf die Tube zu drücken beim Autofahren.

Es macht Spaß, sich Musik und Filme herunterzuladen. Und die Schwarzwälder Kirschtorte schmeckt erst ab dem dritten Stück. Sex macht Spaß, egal mit wem. Faulenzen macht Spaß, Nächte durchmachen macht Spaß ... und nun ist das alles "Sünde"?

Wolf Biermann singt einmal: "Was verboten ist, das macht uns gerade scharf". Stimmt, irgendwie lockt gerade das Verbotene besonders.

Pikant wird es, wenn es um sexuelle "Sünden" geht. Gerade die Geschichte vom Sündenfall in der Bibel (1.Mose 3) wurde und wird von vielen Kirchenvertretern mit der verbotenen Lust in Verbindung gebracht. Adam und Eva waren nackt (wie anregend für die Phantasie), diese Frucht war eine "Lust für ihre Augen" steht da. Und in der Kirche war das gerade für die Männerwelt ein gefundenes Fressen. Klar, womit "Sünde" zu tun hat: Mit Sexualität, Lust und Verführung.

Eine verheerende Geschichte hat diese Deutung der "Sünde". Sexualität wurde tabuisiert, besonders hübsche Frauen als Hexen verfolgt, ganze Generationen in die Leibfeindlichkeit getrieben und massenweise Verklemmungen produziert.

Gott, verstanden als professioneller Spaßverderber

Er sitzt irgendwo dort oben und führt sein dickes Sündenregister wie ein polizeiliches Strafregister. Und immer, wenn es so richtig Spaß macht, muß ich aufpassen, daß er mich nicht erwischt und ich einen "Eintrag" kriege – welch entsetzlich schiefes Gottesbild!

Vorsicht geboten ist besonders bei der Begegnung mit dem Bodenpersonal dieses Gottes. Gerade die Pastoren haben ja auf die Moral zu achten, und manchem fallen sofort seine "Sünden" ein, wenn er ein Beffchen sieht. "De schwadde Gendarm", sagen die Leute bei uns in Plattdeutschland zum Pastor,"der schwarze Polizist".

Überhaupt, je dicker die Farbe Moralin die Sünde bedeckt, desto mehr wird die Kirche als Erziehungsanstalt verstanden. Abtreibung, Homosexualität, Ehebruch ... wer anders sollte dafür zuständig sein, als die Wächterin der Moral!? Kein Wunder, daß es in der Kirche immerzu um Sünde geht.

Übrigens auch und sogar besonders dann, wenn die "Wächter der Moral" sich als Wölfe im Schafspelz erweisen. Die Missbrauchsskandale haben das sehr deutlich gemacht: Ob nun als Kontrollinstanz von Sünde oder als Betroffene – Sünde wird immer als moralische Verfehlung gleichgesetzt.

Sünde: Trennung und Zielverfehlung

Ich weiß, jetzt rede ich polemisch. Aber ich möchte es ganz deutlich machen, dass Sünde nichts mit "Moralin" zu tun hat. Es wird Zeit, daß wir dieses zähe Zeug abkratzen und wieder wahrnehmen, aus welchem Material die "Sünde" wirklich ist.

Helfen kann uns dabei das deutsche Wort "Sünde". Es enthält die althochdeutsche Silbe "sund". Dieses Wort wird auch für einen Graben gebraucht, einen trennenden Meeresarm. Vielleicht habt Ihr schon einmal so einen "Sund" auf dem Weg nach Dänemark überquert, den Fehmarn-Sund.

Mit "Sünde" ist der tiefe Graben zwischen Gott und Mensch gemeint. Die Trennung derer, die zusammengehören. "Sünde", das ist nicht ein Moral-Begriff, sondern ein Beziehungs-Begriff, der die Trennung von Schöpfer und Geschöpf anzeigt.

Es geht zuerst einmal überhaupt nicht um schwarze Flecken, um schmutzige Witze, um falsche Steuererklärungen oder Missbrauch von Macht bei dem Begriff "Sünde". Es geht um unsere Beziehung zu Gott.

Im Griechischen steht dafür das Wort "hamartia", übersetzt wird es als "Zielverfehlung". Wenn ein Bogenschütze vorbeischießt, dann ist der Pfeil nicht ins Ziel gekommen. Er geht verloren und landet

irgendwo im Nichts. Dieses Bild steckt hinter dem griechischen Wort. Gott, der Schöpfer, hat ein Ziel mit uns. Denken Sie an den Töpfer im ersten Kapitel. Gottes Ziel soll unser Leben weit und sinnvoll machen. Das Leben soll sich lohnen. Es soll ein Volltreffer sein. Doch wir schießen am Ziel vorbei. Wir kümmern uns nicht um Gottes Ziele mit unserem Leben, das ist unsere Sünde.

"Gott lieben", so hat Gott sich uns gedacht. Mit dem Vater auf "Du", mich ihm vertrauensvoll in die Arme werfen, all meine Sorge auf ihn werfen ...

"Den anderen lieben", so sollte es sein, Respekt voreinander, Zuneigung, gegenseitige Hilfe ...

"Sich selbst lieben", das wollte Gott uns schenken, indem ich mich annehme wie ich bin, mich selbst mag ...

So sollte es sein: die Beziehungen zwischen Gott, uns Menschen und zu mir selbst sollten stimmen. Das ist Ziel Gottes mit meinem Leben. Aber es kam anders.

2. Gestörte Beziehungen

Ich liebe Gott nicht, sondern gehe ihm aus dem Weg. Ich liebe auch andere Menschen nicht, sondern boxe mich gegen sie durch oder lasse sie links liegen. Ich liebe auch mich selbst nicht mehr, sondern kann mich nicht ausstehen. Der Mensch verkrümmt sich in sich selbst. Gesunde Beziehungen sind ihm nicht mehr möglich. Das ist "Sünde".

In der Bibel finden sich viele Geschichten, die beschreiben, wie der Mensch "am Ziel vorbei schießt". Eine dieser Geschichten ist besonders bekannt und Sie haben sie vielleicht schon gehört. Auch ich habe sie bereits erwähnt. "Das Gleichnis vom verlorenen Sohn" nennen wir diese Geschichte. (Wir werden übrigens merken, daß in dem Gleichnis nicht nur einer, sondern zwei Söhne eine Rolle spielen, der Titel hinkt also.) Es lohnt sich, dieses Gleichnis genauer anzusehen.

Lukas 15, 11 - 32

"Ein Mann hatte zwei Söhne, erzählte Jesus. "Der jüngere von ihnen sagte zu seinem Vater: "Vater, gib mir den Anteil deines Vermögens, der mir als Erbe zusteht." Da teilte er seinen Besitz unter sie.

Nicht lange danach machte der jüngere Sohn seinen ganzen Anteil zu Geld und zog davon in ein fernes Land und da verpraßte er sein ganzes Vermögen in einem haltlosen Leben.

Als er alles aufgebraucht hatte, kam eine schwere Hungersnot über jenes ganze Land, und er geriet in Not. Da ging er hin und hängte sich an einen Bürger jenes Landes; der schickte ihn auf seine Felder, die Säue zu hüten. Gern hätte er seinen Magen mit Schoten gefüllt, die die Schweine fraßen, doch niemand gab ihm davon.

Da ging er in sich und sagte: "Wie viele Tagelöhner meines Vaters haben Brot im Überfluß, und ich komme hier vor Hunger um! Ich will mich aufmachen und zu meinem Vater gehen und zu ihm sagen: Vater, ich habe gesündigt gegen den Himmel und vor dir. Ich bin nicht mehr wert, dein Sohn zu heißen. Stelle mich wie einen deiner Tagelöhner!"

Und er machte sich auf und kam heim zu seinem Vater.

Als er noch weit weg war, erblickte ihn sein Vater, und Erbarmen ergriff ihn; er lief ihm entgegen, fiel ihm um den Hals und küßte ihn.

Doch der Sohn sagte zu ihm: "Vater, ich habe gesündigt gegen den Himmel und vor dir - ich bin nicht mehr wert, dein Sohn zu heißen."

Aber der Vater sagte zu seinen Knechten: "Rasch, bringt das beste Gewand heraus und legt es ihm an! Steckt ihm einen Ring an seinen Finger und gebt ihm Schuhe an die Füße. Und holt das Mastkalb herbei und schlachtet es; dann wollen wir ein Freudenmahl feiern.

Denn mein Sohn hier war tot und ist wieder zum Leben gekommen; er war verloren und ist wiedergefunden." Und sie fingen an zu feiern.

Als nun sein älterer Sohn, der auf dem Felde war, heimkehrte und sich dem Hause näherte, hörte er Musik und Tanz und rief einen der Knechte zu sich und fragte, was das sei. Der antwortete: "Dein Bruder ist gekommen; da hat dein Vater das Mastkalb geschlachtet, weil er ihn gesund wieder hat."

Da geriet er in Zorn und wollte nicht hereinkommen. Doch sein Vater ging zu ihm hinaus und bat ihn. Doch er antwortete seinem Vater: "Sieh, so viele Jahre diene ich dir nun schon und habe dein Gebot nie übertreten. Doch mir hast du nie auch nur einen Ziegenbock gegeben,

daß ich mit meinen Freunden hätte feiern können! Aber wie dein Sohn heimgekommen ist - der da, der dein Vermögen mit Huren verpraßt hat, da hast du für ihn das Mastkalb geschlachtet."
Er erwiderte: "Kind, du bist doch allezeit bei mir, und alles, was mein ist, ist dein: Du hättest mitfeiern und dich darüber freuen sollen, daß dieser hier, dein Bruder, der tot war, wieder zum Leben gekommen ist, verloren war und wiedergefunden ist."

(Ulrich Wilkens, Das Neue Testament)

3. Kapitel: Von Schuld und Vergebung
Gruppengespräch / Einzelarbeit

Das Gleichnis durchlesen
Ich lese mir das Gleichnis vom verlorenen Sohn aufmerksam durch. (In der Gruppe kann auch reihum gelesen werden)

Wichtiges markieren
Ich unterstreiche die Worte oder Sätze, die mich besonders ansprechen.

Die Bedeutung entdecken
Ich überlege, was das Gleichnis bedeutet.
Was stört hier eigentlich die Beziehungen?

Mich selbst einbeziehen
Ich überlege, wo ich selbst in dem Gleichnis vorkomme und was das Gleichnis über den Vater, also über Gott aussagt.

Das Gleichnis vom verlorenen Sohn

Nachdem Sie selbst sich Gedanken zu dem Gleichnis gemacht haben (und evtl. auch in der Gruppe darüber gesprochen haben), will ich nun einige Akzente hervorheben.

Jesus erzählt das Gleichnis nicht, um Söhnen und Töchtern zu verbieten, sich von den Eltern zu lösen. Das wäre wieder die zähe Farbe Moralin: "Sei bloß nett zu deinen Eltern! Keine Widerrede, schön zuhause bleiben!" Nein. Jesus selbst hat sich irgendwann von Maria und Josef gelöst und hat so manches gegen ihren Willen gemacht. Wie könnte er da von Jugendlichen verlangen, immer schön nach der Pfeife der Eltern zu tanzen? Im Gegenteil, für die entwicklung Ihrer Kinder ist es wichtig, dass sie sich schrittweise von zu Hause zu lösen und eigene Wege gehen. Es wäre tragisch, wenn es ihnen ginge wie Loriots Ödipussi, der noch mit 60 unter der Fuchtel seiner Mutter steht. Jesus aber geht es hier nicht um entwicklungspädagogische Überlegungen. Er beschreibt die Geschichte Gottes mit seinen Menschen.

Eine Geschichte meiner Beziehung zu Gott

 Sehen wir uns die Geschichte an: Warum ist die Beziehung zu Gott eigentlich gestört? Was reißt eigentlich den tiefen "Sund" zwischen Gott und uns Menschen? Was führt eigentlich zur Trennung vom Vater? Ist es die unausstehliche Art des Vaters? Tritt der Vater wie ein Polizist auf? Engt er den Sohn ein oder prügelt ihn?

Davon kann man in diesem Gleichnis nichts erkennen. Im Gegenteil, der Vater läßt den Sohn gehen. Er reagiert nicht beleidigt, als der Sohn das Erbe verlangt. Er erpreßt seinen Sohn nicht: "Tu mir das nicht an!" Er wirkt überhaupt nicht besitzergreifend oder machtbesessen. Nicht einmal das Erbe verweigert er. Jesus zeichnet das Bild eines Gottes, der wirklich freigibt und niemandem seinen Willen aufdrückt.

Er selbst, Jesus, hat diesen Gott verkörpert.

Da kommt ein junger Mann zu Jesus, der sein Geld über alles liebt.

Jesus fordert ihn auf, sich ihm anzuvertrauen. Aber dem Mann ist sein Geld wichtiger. Und Jesus zwingt ihn nicht, sondern läßt ihn gehen. Da begegnet Jesus einem Kranken. Aber er drückt ihm nicht ungefragt eine Heilung auf, sondern fragt: "Willst du gesund werden?" Da verlassen Jesus viele seiner Fans, und Jesus fragt seine Jünger: "Wollt ihr auch gehen?" Wenn sie damals "Ja" gesagt hätten, hätte er sie ziehen lassen. Gott gibt frei. Der Vater ist nicht der Grund für den "Sund" oder die Mauer der Trennung.

Im Sohn liegt der Grund der Beziehungsstörung.

Es läuft in unserem Gleichnis wie schon im ersten Gleichnis der Bibel: Gott hatte Adam und Eva alles gegeben. Die Schilderung des Paradieses kann man sich gar nicht schön genug vorstellen. Süße Früchte, Sonne, Palmen, klares Wasser, gesunde Luft, Mann und Frau sind sich einig ..., wenn Sie einmal alles Schöne herbeiphantasieren, haben Sie immer noch nicht diesen tollen Urzustand beschrieben. Und Gott sagt: "Das alles schenke ich euch! Ihr sollt euch frei bewegen und das Leben genießen. Nur um Eines bitte ich euch, traut mir zu, daß ich für euch sorge. Laßt mich entscheiden, was euch gut tut. Das weiß ich besser als ihr."
Und genau darauf lassen sich Adam und Eva, lassen wir Menschen uns nicht ein. Wir trauen Gott nicht zu, daß er uns nur Gutes tut. Wir mißtrauen ihm. Womöglich enthält er uns etwas vor vom Leben und am Ende verpassen wir etwas. Vielleicht wissen wir ja doch besser als er, was gut und was schlecht für uns ist. Ihm mein Leben überlassen? Nee, wer weiß, was mir da entgeht. Womöglich ende ich als weltfremder Himmelskomiker in irgendeinem Kloster oder gar in einen Bibelkreis.

3. Mißtrauen

Jetzt ist jede Farbe von den Steinen der trennenden Mauer abgekratzt. "Mißtrauen" heißt das Urgestein der Sünde.
Der Sohn verläßt den Vater, weil sich Mißtrauen in ihm breit gemacht hat. Und lange vor der

sichtbaren Trennung hat dieses Mißtrauen die Macht in seinem Leben bekommen. "Vater engt mich ein. Ich kann mich bei ihm nicht entfalten, wie ich will. Es entgeht mir etwas, solange ich bei ihm bleibe."

Übrigens, auch der zweite Sohn ist von der Krankheit des Mißtrauens befallen. Da muß man nicht erst bei den Schweinen landen. Er lebt auf dem Hof. Er arbeitet mit. Er begegnet Vater Tag für Tag, und doch hat sich tiefes Mißtrauen in ihm eingenistet. Als sein jüngerer Bruder zurückkommt, bricht es heraus: "Ich fühle mich wie ein Sklave. Nicht einmal einen Ziegenbock hast du mir gegeben, damit ich mit meinen Freunden feiern kann." Ob der Vater wirklich so herzlos war? Ich bezweifle es. Es war vielmehr das Mißtrauen, das den älteren Sohn befallen hatte wie eine schlimme Krankheit.

Tatsächlich, das gibt es! Es gibt Leute, die in der Kirche aktiv sind, die regelmäßig zum Gottesdienst kommen, die im Gospelchor, im Gesprächs- oder Hauskreis dabei sind, die auf Freizeiten als Mitarbeiter mitfahren oder in den Kirchenvorstand gewählt wurden - und doch von tiefem Mißtrauen gegen Gott befallen sind. Ich fühle mich wie jemand, der zu kurz gekommen ist, obwohl ich doch alle Möglichkeiten habe, einen liebevollen Vater zu erleben. Das ist Mißtrauen als Urgestein der Sünde.

Wie begegnet Gott seinen mißtrauischen Kindern?

Er läßt sie ziehen. Aber er leidet. Das Mißtrauen seiner Kinder tut ihm weh.

Ich kann mir vorstellen, daß der Vater hinter der Gardine steht und sich die Augen ausheult. Nicht offen - das würde den Sohn unter Druck setzen. Aber ich denke, er sieht dem Sohn nach und ist tief verletzt.

Am Kreuz Jesu wird dieses Leiden übrigens besonders sichtbar. Das Kreuz Jesu zeigt die Verletzung Gottes. Und es zeigt seinen Verzicht auf Druck und Gewalt. Vaterliebe leidet lieber, als dass sie zwingt. Wir glauben ihm seine Liebe nicht und er hält es aus. Wir trennen uns von ihm und er läßt uns gehen. Wir graben einen "Sund", wir mauern eine Mauer, wir kappen die Beziehung und er wartet mit geöffneten Armen.

Übrigens: Die Bibel benutzt für ein solches Verhalten Gottes manchmal auch eine juristische Sprache und nennt es "Gnade". Gott besteht nicht auf seinem Recht, sondern er ist uns gnädig. Aber er drückt dabei nicht einfach ein Auge zu und lässt Fünfe gerade sein – er lässt sich seine Liebe zu seinen Söhnen und Töchtern etwas kosten. Gottes Gnade ist nicht billig, sondern teuer. Sie kostet Jesus das Leben. Warum, damit es stimmt: "Gnade dir Gott!"

Mißtrauen. So also heißen die Steine, aus denen das Fundament der Sündenmauer gebaut ist.

Nicht mehr Opfer, nun auch Täter der Sünde.

Wie der jüngere Sohn sind wir bei der Trennung von Gott aktiv dabei. Es kommt nicht nur so über uns. Wir lassen es zu, wir pflegen unser Mißtrauen, wir lassen unser Verhalten von ihm bestimmen.
Ein "Sünder", das ist nicht ein moralisch verwerflicher Typ, sondern jemand, der Gott mißtraut, ihm seine Güte nicht glaubt. Ob Sie sich da wiederfinden? Ich schon.

Alles, was an Entfremdung vom Vater entsteht, hat seine Wurzel im Mißtrauen gegen die Liebe des Vaters.

4. Mißtrauen hat Folgen

Wenn Jesus das Gleichnis erzählt und auf die Menschen bezieht, so kann sich niemand entziehen, so unter dem Motto: "Sünder, das sind die Anderen!" Nein, das Misstrauen gegen Gott hat uns alle befallen. Man könnte also tatsächlich dem Lied folgen: "Wir sind alles kleine Sünderlein!" Allerdings sind wir ausgewachene Sünderinnen und Sünder. Da ist nichts zu verniedlichen und nichts zum Schunkeln wie bei derartigen Liedern. Sünde ist etwas sehr Ernstes. Sie hat Folgen und ich will versuchen, drei davon zu beschreiben. In drei Etappen entfernt sich der erste Sohn immer weiter vom Vater. Vielleicht finden Sie sich ja in einer dieser Szenen wieder .

Gebote werden als Last empfunden.

Der Sohn erklärt seinen Vater für tot. Anders konnte es nach jüdischer Gesetzgebung nicht verstanden werden, wenn das Erbe verlangt wurde. Und ähnlich würden wohl auch Ihre Eltern empfinden, wenn Sie Ihr Erbe cash auf die Hand haben wollen.

"Vater, du bist für mich gestorben. Du hast mir nichts mehr zu sagen. Nicht deine Gebote gelten für mich, ich bestimme nun selbst. Nicht dein Wille geschehe, sondern meiner!"

Offenbar hat der Sohn alles, was Vater ihm sagte, als Last empfunden. So wie sein älterer Bruder auch. Den Regeln und Geboten auf dem Hof konnten sie nichts Gutes abgewinnen.

"Du sollst nicht stehlen" - schön und gut, aber wenn ich mal ein geliehenes Buch behalte, dann muß ich es mir nicht kaufen. Und wenn ich mein Einkommen nicht angebe, dann spare ich enorm. "Du sollst nicht falsch Zeugnis reden" - gut gebrüllt, Löwe. Aber ohne die kleinen Notlügen kommt man in der Schule, bei der Steuerklärung oder bei seinem Chef nun wirklich

nicht durch. "Du sollst den Feiertag heiligen" - das versteht nun kaum noch jemand und wenn damit der Gottesdienstbesuch gemeint ist, dann engt das den Sonntag ganz schön ein! "Du sollst nicht ehebrechen!" – ob Gott jemals eine tolle Party oder Karnevall gefeiert hat? Und was getrunken? Und schon so lange immer mit derselben Frau zusammen ...? Dann wüsste er, wie schnell man sich verliebt und einen Seitensprung riskiert. Nee, Gebote sind mir eine Last ...

Dabei zeigen die Gebote einen großartigen Freiraum an: Ich werde von Gott mit allem beschenkt, was ich zum Leben brauche. Sorget nicht! Ich kann ehrlich sein, anderen offen in die Augen sehen und ihr Vertrauen gewinnen, Partnerschaft und Treue erleben. Ich kann mich zweckfrei herrlich ausruhen und mich an meinem Schöpfer erfreuen. Aber wir glauben nicht, daß ein Leben nach den Geboten Gottes reich und schön werden kann. Wir wollen selbst bestimmen, wo es lang geht. Niemand soll uns bevormunden. Und deshalb empfinden wir die Gebote Gottes als Last. Unser Mißtrauen gegen Gott macht uns alles madig, was Gott von uns will. Kennen Sie das auch?

Gaben werden mißbraucht.

Der jüngere Sohn verjubelt sein Erbteil. Wie, das bringt der Ältere nachher auf den Punkt: Im Bordell.
Richtig, hier klingt jetzt ein moralischer Ton an. Moralin? Ich glaube nicht. Nicht der ethische Verfall des jungen Rebellen macht die Sünde, die Trennung vom Vater aus. Es ist umgekehrt. Weil er sich vom Vater getrennt hat, verliert er die moralischen Maßstäbe für sein Leben. Die "Sünde" führt zum Mißbrauch der Gaben Gottes. Schade, daß hier als Beispiel nun wieder etwas Sexuelles steht. Dabei ist die Palette der Gaben Gottes viel, viel reichhaltiger.
Gott beschenkt uns mit Zeit, Fähigkeiten, Kraft, Geld, Phantasie, Gesundheit, Freunden, Familie, Natur, Grundstück, Wohnraum, Lebensmitteln ... was haben wir alles von Gott geschenkt bekommen! Gott hat Ihnen und mir sein "Erbe" tatsächlich anvertraut. Jede und jeder von uns hat sozusagen viele tolle Päckchen von ihm bekommen und manche davon auch schon ausgepackt.

Die Frage ist nur: Was machen Sie eigentlich damit? Wenn Sie ohne Gott leben, wenn das Mißtrauen gegen seine Liebe Sie von ihm wegtreibt, dann kommt es irgendwann auch zum Mißbrauch seiner Gaben. Vielleicht wissen Sie schon, wovon ich rede.
Gott beschenkt uns. Wer aber nicht nach dem Geber dieser Gaben fragt, der mißbraucht sie ganz schnell auf zweierlei Weise.

Gaben werden vergötzt

Da liegt unser Nachbar am Sonntag auf den Knien vor seinem Auto und poliert die Stoßstange. Es sieht aus wie ein Gebet. Da himmelt Sabine ihren Klaus an wie einen Märchenprinzen. Und Klaus liebt den HSV über alles und verpaßt keines seiner Spiele. Gaben Gottes werden vergötzt. Wir sind dem schon in

unserem ersten Kapitel begegnet. Menschen hängen ihr Herz an die Gaben - und der Geber spielt dabei keine Rolle. Ob auch Sie solchen Umgang mit den Gaben Gottes pflegen?

Gaben werden vernachlässigt.
Oder, dies ist die zweite Weise des Mißbrauchs von Gaben, wir vernachlässigen die Gaben des Vaters. Da ziehe ich eine Zigarette nach der anderen durch, egal, was die Lunge sagt. Und Martina hat keine  Lust, die kranke Freundin zu besuchen. Silke kann hervorragend Flöte spielen, aber kaum jemand kriegt das mit. Gaben werden vernachlässigt. Weil der Beruf vergötzt wird, opfere ich die Familie auf dem Altar des Erfolges. Weil ich Computerfreak bin, opfere ich Zeit und Beziehungen auf dem Altar meines Mac-Books. So kommen Vergötzen und Vernachlässigen von Gaben am Ende zusammen.

Übrigens, was ich hier als Verhalten des Einzelnen beschreibe, hat enorme Folgen für die gesamte Welt. Die Gaben Gottes werden mißbraucht. Wasser, Luft und Boden werden vergiftet. Ganze Völker rotten sich gegenseitig aus. Damit wir unseren Lebensstandard verbessern können, leben wir auf Kosten der "Entwicklungsländer". Nochmal, es geht nicht um eine Moralpredigt. Sünde ist das Mißtrauen gegen Gott. Dieses Mißtrauen trennt mich von ihm. Was ich hier beschreibe, ist nicht die Ursache der Trennung von Gott, sondern es ist deren schreckliche Folge.

Schuld macht einsam.

Der Sohn landet bei den Schweinen. "Du Schwein", sagen wir manchmal. Ein vernichtender Spruch! Wenn die "Prinzen" 1991 sangen: "... und Klaus ist ein Schwein!", dann war das kein Kosewort. Es ist ein deftiges Schimpfwort. Mit einem "Schwein" will ich nichts zu tun haben. Wer bei den Schweinen landet, ist isoliert, hat

keine Freunde mehr. Im jüdischen Umfeld war das besonders krass. Schweine galten als unrein, als heidnische Tiere. Wer sich mit ihnen abgab, war bei den Heiden gelandet, weit weg von Gott. Schuld macht einsam.

Überall dort, wo die Gaben Gottes mißbraucht werden, landen Menschen im Elend. Ich selbst habe einmal einige Jahre meines Lebens in der Drogenszene gelebt und es ging ständig bergab mit mir. Befreundete Sozialarbeiterinnen erzählen immer wieder von Leuten, die sich, ihre Freunde und Familien ins Elend stürzen. Am Ende sind solche Menschen dann ganz allein. Niemand will mit ihnen etwas zu tun haben.

Aber es gibt nicht nur sichtbares Elend. In den 60er Jahren sollen sich Jugendliche in der Schweiz einmal einen "Scherz" erlaubt haben. Sie haben irgendwelche Telefonnummern herausgesucht und die Leute nachts um zwei angerufen. Wenn jemand abnahm, haben sie nur gesagt: "Es ist alles herausgekommen!" Und dann haben sie aufgelegt. In dieser Nacht sollen sich auffallend viele Leute das Leben genommen haben oder sie haben ihre Koffer gepackt und die Stadt verlassen. Tragisch, wenn Schuld herauskommt. Davor habe ich Angst. Deshalb versuche ich mit allen Mitteln, mein Elend zu verbergen. Ich muß mit meiner Schuld allein sein, sonst wird sie mir zum Verhängnis. Jeder, der an seine eigenen Erfahrungen denkt, weiß, wovon ich rede. Schuld macht einsam, isoliert.

Und was war die Ursache? Wie gesagt, das Mißtrauen gegen den Vater.

5. Neues Vertrauen zu Gott

Die Krise - Gefahr und Chance zugleich.

Mit der vierten Szene bekommt die Geschichte vom verlorenen Sohn eine andere Richtung. Jetzt werden nicht mehr die Folgen des

Krise

Chance   Gefahr

Mißtrauens beschrieben, sondern ein Prozeß, wie am Ende zusammenkommt, was zusammen gehört.

Können Sie Chinesisch? Dann lesen Sie bitte diese Buchstaben. Auffällig ist, daß das chinesische Wort für "Krise" aus zwei anderen

Wörtern zusammengesetzt ist, aus "Gefahr" und "Chance". Richtig, wer in die Krise gerät, kann darin umkommen. Einige meiner Szenefreunde von damals sind inzwischen an einer Überdosis Heroin gestorben. Aber das ist nicht zwangsläufig so. Die Krise kann auch zur Chance werden, nämlich dort, wo es zur Umkehr, zum Neuanfang kommt. Und so läuft es mit dem jüngeren Sohn. Sein Tiefpunkt wird zum Wendepunkt seiner Lebensgeschichte.

Wie kommt es dazu eigentlich? Erscheint jemand und heizt ihm mal so richtig ein: "Siehst du, das hast du nun davon! Reiß dich zusammen und ändere dich!"? Tritt ihm jemand in den Hintern und wirft ihm seine Schuld vor? Ganz und gar nicht.
"Er ging in sich", heißt es in der Geschichte. Er dachte an Zuhause. Wie ein vergilbtes altes Foto steht irgendwann das Bild vom Vater und dem Leben in der Gemeinschaft mit ihm vor seinem inneren Auge. Und er beginnt, sich nach zuhause zu sehnen. "Es wäre so schön, wieder mit Vater zusammen zu sein, am Tisch zu sitzen mit der Familie ... "

Ob dies die Sehnsucht ist, die sich in den Religionen dieser Welt ausdrückt? Ich glaube das. Wir Menschen sehnen uns nach dem "Paradies", der Gemeinschaft mit dem Vater. Immer wieder steigt ein blasses Bild einer besseren Welt in uns auf. Immer wieder erfaßt uns die Sehnsucht, heil zu werden, miteinander in Frieden zu leben, den Himmel auf Erden zu haben. Und wenn nicht auf Erden, dann wenigstens danach, im Himmel. Und so sehnen wir uns nach Gott und erahnen ein verlorenes Paradies. Dann brechen wir auf, es zu suchen – und eben diese Suchbewegung nennen wir Religion.

Schuld wird aufgedeckt.

Ich denke an eine Szene bei einer mehrtägigen Wanderung. Wir waren müde. Es war schon dunkel geworden und wir hatten kein Quartier. Plötzlich tauchte eine verfallene Hütte vor uns auf. Ohne lange zu zögern, gingen wir hinein und krochen im Dunkeln in unsere Schlafsäcke. Welch schreckliches Erwachen am nächsten Morgen! Die Hütte lag direkt neben einem Parkplatz und war offenbar von vielen Leuten als Klo benutzt worden. Wir lagen zwischen Toilettenpapier und braunen Haufen. Brrrr. Erst im Licht sahen wir den Dreck.

So geht es auch dem Sohn. Im noch blassen Licht es Bildes vom Vater merkt er erst richtig, in welchem Dreck er lebt. "Vater, ich bin schuldig geworden." Nicht eine appellierende Moralpredigt hat ihm das gezeigt, auch nicht eine bedrohliche Gerichtspredigt, sondern das Bild vom Vaterhaus ist wie ein Lichtstrahl in sein Leben gekommen - und nun hat er gemerkt, was seine "Sünde" ist.

Wie Sie merken, was Ihre Sünde ist? Wie Sie merken, wie weit Sie von Gott entfernt sind? Nicht durch Moralpredigten oder kritische Analysen Ihres Lebens. Wenn das Bild vom Vater Ihnen vor Augen steht, und wenn die Sehnsucht nach Zuhause in Ihnen aufsteigt, dann erst bemerken Sie Ihre Sünde.

Und das tut weh. Das ist nicht gerade angenehm. Aber es ist die Chance zum Aufbruch, zum Neuanfang. Ahnen Sie, warum ich immer wieder das Bild Gottes als das des liebenden Vaters vor Ihre Augen male? Ich rechne damit, daß es Sie aufbrechen läßt, diesem Gott entgegen.

Der Sohn geht. Einen, zwei Schritte... Ich weiß nicht, wie weit er gegangen ist. Ob er den Weg wirklich noch wußte? Ob er überhaupt noch die innere Kraft hatte, sich zurück zum Vater zu bewegen? Ob er wirklich stracks nach Hause ging? Oder ist womöglich nicht der Sohn, sondern in all seiner Sehnsucht nach seinem verlorenen Kind vor allem der Vater gegangen, seinem Sohn (und seiner Tochter) entgegen?

Gott läuft uns entgegen.

"Als der Vater ihn von Weitem sah, lief er ihm entgegen." Der Vater läuft dem Sohn entgegen. Unvorstellbar! Jesus beschreibt einen jüdischen Patriarchen.

Aber so ein Patriarch läuft doch nicht! Er schreitet, bestenfalls geht er... aber rennen? Tatsächlich, hier rennt er. Er verläßt seine warme Stube und läuft dem geliebten Sohn entgegen. Auch dem zweiten

Sohn kommt der Vater entgegen, als er nachher nicht ins Haus kommen will.

Gott läuft uns entgegen. Gott macht sich auf den Weg zu den Menschen. Er bleibt nicht im Himmel sitzen, wo es schön warm ist. Er wird Mensch. Er lebt mit den Menschen. Er wirbt um das Vertrauen der Menschen. Spannend wird es, wenn wir uns nicht nur das Gleichnis ansehen, sondern den, der es erzählt. Jesus, der Gott, der mir entgegenläuft! Freuen Sie sich schon auf das nächste Kapitel, in dem es genau darum geht!

Ob Sie dem Gott, der Ihnen entgegen läuft, auch schon begegnet sind? Ich erinnere mich dunkel an eine Szene meiner Kindheit. Irgendwann muß ich in eine christliche Veranstaltung geraten sein. Ich hab alles vergessen. Nur die kleine Melodie eines Liedes sitzt bis heute fest: "Gott ist die Liebe ...", heißt dieses Lied. Ob Gott mir damals schon entgegengelaufen war? Oder ich denke an meinen Pfadfinderführer, ja, so hieß das damals! Er hat immer den 139. Psalm gebetet: "Und nähme ich Flügel der Morgenröte und bliebe am äußersten Meer, so würde auch dort deine Hand mich führen und deine Rechte mich decken." Wir haben damals unsere Witze gemacht - aber ob uns in solchen Gebeten der Vater entgegenkam, ohne daß wir es merkten? Ob Gott Ihnen auch schon entgegengekommen ist in Ihrer Lebensgeschichte? Ich bin sicher.
Immer wieder erzählt die Bibel, wie Gott auf uns Menschen zugeht. Wir finden den Weg nach Hause nicht allein. Orientierungslos laufen wir herum mit unserer Sehnsucht nach Gott. Da kommt Gott uns entgegengelaufen und nimmt uns in die Arme.
Für mich ist diese Szene nicht nur die aufregenste des Gleichnisses, sondern das Schönste und Aufregenste was ein Mensch überhaupt erleben kann.

Zum Bekenntnis der Schuld befreit.

Ein schönes Bild: der Vater nimmt den Sohn in den Arm. "Aber Vater, ich stinke doch! Siehst du nicht, wie die Kleider zerrissen sind? Und von dem Erbe, das du mir gegeben hast, hab ich auch nichts mehr. Ich habe gesündigt ..." In den Armen des Vaters stottert der Sohn ein Sündenbekenntnis herunter.

In den Armen des Vaters – und nicht schon vorher. So unter dem Motto: "Wenn du nicht anständig deine Sünden bekennst, nehm ich dich nicht in den Arm. Und überhaupt, wasch dich erst mal, zieh dir erst mal was Vernünftiges an. Zeig erst mal anständige Reue und versprich, daß du das nicht noch einmal machst ..." So wäre ich vielleicht mit meinem heruntergekommenen Sohn umgegangen. Aber nicht Gott. Er nimmt zuerst in die Arme, ohne Vorraussetzung, ohne Bedingung.

Eine Szene fällt mir ein. Mein Freund und Kollege Eckard predigt in einer Jugendstrafanstalt. Viele Jahrzehnte Knast sind da versammelt. Eckard erzählt eine Geschichte, von der seine Hörer mehr verstehen als er: "Angenommen, ihr habt Autos geklaut. Es kommt zum Prozeß. Der Richter kommt in den Gerichtssaal. Er schlägt zuerst mit dem Hammer auf den Tisch und verkündet im Namen des Volkes das Urteil: "Du bist freigesprochen!" Dann setzt er sich. Zeugen treten auf, Verteidiger, Staatsanwalt ... das ganze Programm. Und am Ende fragt der Richter: "Nun, gibst du die Diebstähle zu?"

An dieser stelle wendet Eckard sich an die Knackies: "Würdet ihr das tun? Eure Schuld zugeben?" Sofort reagieren die Hörer: "Bin ich blöd? Würd ich doch ohne Beweise nie machen! Die verknacken mich doch!" Aber dann meldet sich einer zu Wort, der genau zugehört hat: "Ja, wenn ich so einen Richter gehabt hätte, dann könnte ich auch alles zugeben! Wenn am Anfang der freispruch steht, da muss ich doch keine Angst mehr vor Strafe haben und kann alles zugeben."

"Die Lust der Beichte" hat jemand so ein Schuldbekenntnis einmal genannt. Wer in den Armen des Vaters liegt, der muß keine Angst haben, wenn alles herauskommt. Im Gegenteil, der kann alles rauslassen.

"Beichte" nennen wir ein Gebet, in dem ich Gott mein Mißtrauen und all seine Folgen in meinem Leben nenne und um Vergebung bitte.

Wie das konkret geht? Sie selbst müssen entscheiden, welche der folgenden vier Möglichkeiten für Sie in Frage kommet:

a) Schon das ganz private Gebet um Vergebung der Schuld ist eine

Beichte vor Gott. Jedem, der seine Schuld bekennt, hat Gott die Vergebung zugesagt.

b) In fast jeder Kirchengemeinde werden, oft wenn auch Abendmahl ausgeteilt wird, Beichtgebete im Gottesdienst gesprochen. Diese Gelegenheit könnten Sie nutzen, in der Stille Ihre Schuld bekennen und sich dann im Rahmen eines solchen Gottesdienstes die Vergebung durch den Pastor zusprechen lassen.

c) Manchmal fällt es schwer, die Vergebung zu glauben, wenn ich alles mit mir und Gott allein ausmache. Dann hilft das Gespräch mit einem Christen bzw. einer Christin und ein gemeinsames Gebet. Außerdem kann mein Gesprächpartner mir dann die Vergebung Gottes persönlich zusprechen, auch wenn er kein Pastor ist.

d) Und wer zu einer solchen "Ohrenbeichte" nicht den Mut hat, diesen Glaubenskurs aber im Rahmen eines Seminars, einer Freizeit oder einer Gruppe liest, der ist eingeladen, einen "Brief an Gott" zu schreiben. In diesen Brief können Sie alles hineinschreiben, was Sie an "Schmutz" in Ihrer "Lebenshütte" entdeckt haben. Dann kleben den Brief zu und bringen ihn mit in den Abschlußgottesdienst. Dort wird es einen kurzen Beichtteil geben, und nachher werden die Briefe zum Zeichen der Vergebung verbrannt.

Egal, welche dieser Möglichkeiten Sie wählen, mit der Sünde ist es so ähnlich, wie in dem Märchen vom Rumpelstielzchen: Wenn sie vor Gott laut mit Namen genannt wird, verliert sie ihre Macht.

... dann gnade dir Gott!

Ob Sie ahnen, in welche Richtung Sie bei der Frage weiterkommen, nach wem Sie sich richten können? Sind Sie einer Antwort auf der Spur, wer tatsächlich auf dem "Richterstuhl" über Ihr und mein Leben sitzt? Erstaunlich, unser Spruch stimmt sogar: "... dann gnade dir Gott!" Aber das ist eben nicht mehr bedrohlich. Ja, Gott ist gnädig – das ist sozusagen der Erste Satz, die Voraussetzung für Alles. Auch wenn dann meine Schuld ans Licht kommt und nichts im Verborgenen bleibt – seine Gnade steht ohne wenn und aber!

Freude in den Armen Gottes.

Der Sohn ist angekommen, endlich dort, wo er hingehört. Der Vater inszeniert ein Riesenfest. Wo immer jemand sich von Gott in die Arme nehmen läßt, da freut sich Gott. Der Sohn  bekommt ein neues Kleid. Er ist wieder aufgenommen. Vater steckt ihm den Siegelring an den Finger. Damit wird der Sohn wieder zum Erben erklärt. Welche Freude!

Als ich selbst das erlebt habe, damals mit 19 Jahren, da sprudelte diese Freude aus mir heraus und jeder sah es mir an. Etwas anders war es bei einem Freund von mir. Der freute sich auch, aber etwas leiser, stiller. Je nach Gefühlslage, je nach Temperament ist das unterschiedlich, aber wenn Gott und Mensch sich wieder in den Armen liegen, ist das Grund zur Freude.

So war es ja auch damals in Berlin, als die Mauer plötzlich offen war. Einige machten "den Bären los", andere weinten still vor sich hin. Wenn zusammenkommt was zusammengehört, dann ist das Grund zur Freude.

Übrigens: In den Seminaren wünsche ich den Leuten am Ende dieser Einheit immer einen guten "Nach-Hause-Weg" - im doppelten Sinn des Wortes.

 3. Kapitel: Von Schuld und Vergebung
Gruppengespräch / Einzelarbeit

Wo komme ich vor?
Ich überlege, in welcher der erzählten Szenen ich mich im Moment wiederfinde.

Kommt Gott auch mir entgegen?
Gibt es in meiner Lebensgeschichte Szenen, die darauf hinweisen, daß Gott mir entgegengelaufen ist ?

Ich beichte ...
Wenn ich zum Bekenntnis meiner Schuld befreit bin: Dann ergreife ich eine der genannten Möglichkeiten und bekenne meine Schuld vor Gott. Wenn ich diesen Kurs mit anderen zusammen lese, dann nehme ich die Anregung auf und schreibe Gott einen Brief, in den ich alles hineinschreibe, was mich belastet. Diesen "Schuldbrief" klebe ich zu und bringe ihn mit zum Abschlußgottesdienst des Kurses. Dort wird er verbrannt.

„Der ist für mich gestorben!"
Vom heruntergekommenen Gott

Das 4. Kapitel

Meistens ist jemand nicht wirklich tot, wenn er ‚für uns gestorben ist'. Nur wir wollen nichts mit ihm zu tun haben, wollen keinen Kontakt und keine Nähe.

„Jesus?" sagt ein Mann mit leicht genervtem Klang in der Stimme, „Der ist für mich gestorben!"

Es bleibt verborgen, warum sich dieser Mensch so ablehnend äußert. Vielleicht wurde er als Kind gezwungen, den ganzen kirchlichen Betrieb mitzumachen. Vielleicht ist er auch von Gott enttäuscht worden und hat sich von ihm abgewandt. Vielleicht ist er auch nur einfach innerlich ausgestiegen und Anderes wurde ihm wichtiger. Nun ist Gott für ihn nicht mehr relevant.

Oder ob er eine feine Unterscheidung trifft: Gott ja, Jesus nein! Er wäre nicht der einzige Zeitgenosse. Für viele ist die Frage nach Gott spannend und die Suche nach einer religiösen Begegnung mit dem Göttlichen, dem Heiligen, dem Transzendenten wird nicht nur akzeptiert, sondern mit großer Toleranz unterstützt. Auch mit Gott als dem Schöpfer und Erhalter der Welt kann und will man gerne etwas anfangen. Bewahrung der Schöpfung, Gerechtigkeit und Menschenrechte – das sind Werte, die wir nicht aufgeben wollen. Und der Glaube an Gott stellt uns in eben diese Verantwortung unserem Schöpfer gegenüber.

Wenn es dann allerdings um Jesus geht, scheiden sich die Geister. „Okay, er war ein guter Mensch und ein leuchtendes Vorbild! Es lohnt sich wirklich, seine Werte zu übernehmen. Aber Gottes Sohn?! Das glauben Sie doch selber nicht!" So oder ähnlich habe ich es in vielen Diskussionen gehört. Und dann fiel auch schon mal der Satz: „Nein, Jesus, der ist für mich gestorben!"

Wie wahr das ist, werden wir weiter unten entdecken.

Hier, im vierten Kapitel, sehen wir uns genauer an, wie Gott, der Vater, uns entgegenläuft. Einige von Ihnen empfinden vielleicht, dass ich den Namen „Jesus" bisher reichlich unreflektiert benutzt habe. Ich rede von Gott und sage Jesus, oder ich spreche von Jesus und meine Gott. Dabei ist es noch gar nicht klar, wer dieser Jesus von Nazareth nun wirklich war bzw. heute noch ist - und schon gar nicht, ob und wieso er für uns gestorben ist!

Jesus, einer unter vielen anderen Religionsstiftern.

Es gibt genug Leute, die halten ihn für einen unter vielen anderen Religions-stiftern. Mohammed hat den Islam, Abraham und Jakob das Judentum, Bhudda den Bhuddismus und Jesus eben das Christentum gegründet. Und jeder hatte seine spezielle Lehre, und jeder seine Vor- und Nachteile und jeder seinen Gott - und am Ende ist vielleicht doch alles dasselbe.

Hinzu kommen „moderne" Religionsstifter: Gurus aus Asien, Fernsehprediger in den USA, Idole aus der Musikszene... Allen gemeinsam ist, dass sie eine ganz besondere Ausstrahlung auf Menschen haben und deshalb die Massen bewegen können. Wie Jesus damals eben auch!

Soviel schon einmal vorweg: Jesus Christus ist nicht eine Randfigur, kein Religionslehrer unter „ferner liefen", sondern die Zentralgestalt des christlichen Glaubens. Wir Christen benennen uns deshalb ja auch nach ihm - und heißen nicht allgemein ‚Gottisten'.

Jesus-Glaube erntet oft Spott und Kopfschütteln.

Schon die erste Darstellung Jesu aus dem 2. Jahrhundert war eine Spottzeichnung. Man hat sie bei Ausgrabungen in Rom entdeckt: Eine Gestalt am Kreuz mit Eselskopf. Darunter steht in griechischen Großbuchstaben: Alexamenos betet zu seinem Gott. Im Klartext heißt das, es muß schon ein Esel sein, wer einen Menschen am Kreuz anbetet!

Solcher Spott tut weh. „He, da kommt Jesus!" haben meine Kumpel damals gelästert, als ich, nachdem ich den Glauben entdeckt hatte, in ‚meine' Disco kam. Und seitdem erlebe ich es immer wieder, dieses verdeckte milde Lächeln, wenn sich herausstellt, dass ich kirchlicher Mitarbeiter bin und in ‚Sachen Glauben' unterwegs. Nicht zu vergleichen ist das natürlich mit jenen massiven Angriffen auf Leib und Leben, denen Menschen in manchen Ländern auf unserem Globus ausgesetzt sind, nur weil sie Christen sind. Da wird dann nicht nur spöttich gelächelt, da gibt es Vertreibung, da brennen Häuser und Kirchen, da werden Menschen verprügelt und immer wieder auch getötet ... Über Jesus Christus kann man offensichtlich sehr unterschiedlich denken.

Jesus Christus, Zentrum christlichen Glaubens.

Im Glauben geht es um die Person Jesus, die für Christen der ‚Christus' ist. Es geht nicht um eine Idee der Nächstenliebe oder um eine' allgemeinen Gottesglauben. ‚Christus" ist also nicht der Nachname von Jesus, so wie mein Nachname ‚Brünjes' ist. ‚Christus' ist eine

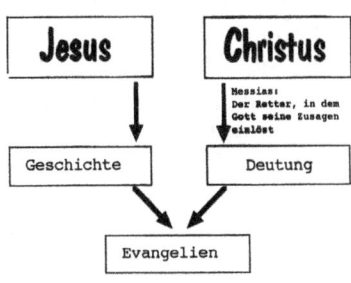

Deutung. Sie besagt, dass Jesus von Nazareth der ist, der Zugang zu Gott verschafft, der Messias, wie die Juden ihn erwarten.

Ziemlich unstrittig ist dabei die Geschichte. Jesus hat gelebt, ist als Heiler und Prediger durch Palästina gezogen und hat Schüler um sich herum gesammelt. Die Meinungen gehen erst auseinander, wenn diese Geschichte gedeutet wird. Da sagen die einen, er handle mit Gottes Kraft, die anderen behaupten, er käme vom Teufel. Einige sagen, er sei von den Toten auferstanden, andere meinen, die Jünger hätten seine Leiche geklaut.

Es ist wichtig zu wissen, dass beides, Geschichte und Deutung, in den schriftlichen Dokumenten der Bibel, besonders in den Evangelien, zusammenkommt. Beides ist sozusagen vermischt. Man kriegt die Geschichte Jesu heute nicht mehr ‚pur'. Immer ist sie schon gedeutet. Das gilt übrigens für alle Geschichte. Auch die Öffnung der Berliner Mauer muß gedeutet werden. Es reicht nicht, einfach zu sagen, dass

am 9. November 1989 die Mauer geöffnet wurde. Solche Fakten sind wichtig, beschreiben aber noch nicht Geschichte. Es wird erst interessant, wenn man klärt, wie es dazu kam, was die Ursachen und was die Folgen waren.
Jeder Geschichtsbericht wird solche Deutungen enthalten und je nach Wahrnehmung des Verfassers seinen eigenen Akzent setzen.

Die ins Neue Testament aufgenommenen Verfasser setzen bei aller Unterschiedlichkeit in Theologie und Berichterstattung gemeinsam ebenfalls sehr eindeutige Akzente.

1. „Dich schickt der Himmel!"

Da komme ich genau richtig. „Dich schickt der Himmel!" ruft mein Nachbar und bittet mich, mal eben mit anzupacken. Wie schön, dass ich ihm helfen kann! Der ‚Gelbe Engel', die ‚gute Fee', das ‚himmlische Zeichen' – wir haben diverse geflügelte Worte, um ein Eingreifen himmlischer Wesen oder deren irdische Gestalten zu beschreiben. Boten Gottes, davon wissen die meisten Religionen. Für viele Menschen ist Jesus so ein Gesandter Gottes. Für die Zeugen der Bibel und für uns Christen ist Jesus jedoch mehr als das. Er ist nicht nur ein Gesandter Gottes.

Jesus, er kommt von Gott und führt zu Gott.

In Jesus Christus läuft Gott selbst uns entgegen. Er ist der „heruntergekommene Gott". Solche Radikalität ist, oben habe ich das schon beschrieben, schon vielen zum Ärgernis geworden. Gut erinnere ich mich an Diskussionen mit Jugendlichen in einer Teestube. Jesus fanden sie gut: Er hilft, heilt, gibt gute Anweisungen zum Leben - aber dass er der Sohn Gottes sei, dass er der Weg zu Gott sein soll, das ging ihnen zu weit. Besonders hektisch wurde es, als ich dann sogar behauptete, Jesus sei der einzige Weg zu Gott. Intoleranz, Dummheit, Absolutismus und wer weiß, was mir noch alles vorgeworfen wurde.

Jesus, Gottes Weg zu uns und unser Weg zu Gott.

„Ich bin der Weg, die Wahrheit und das Leben - niemand kommt ohne mich zum Vater." Nach Johannes (Kap. 14,6) hat Jesus diesen Satz gesagt. Der Beginn dieses Satzes stammt aus der Tradition des Alten Testamentes. Da stellt Gott sich dem Mose im brennenden Dornbusch mit den Worten vor: „Ich bin, der ich bin" (2. Mose 3,14). Und genau diesen Namen ‚Ich bin' benutzt Jesus für sich selbst, jedenfalls nach der Überlieferung des Johannes. Aber sollte das schon mehr Deutung des Johannes als Jesu eigene Worte sein? Das ist möglich, aber die anderen Evangelisten und auch die zeitlich näher an Jesus lebenden Apostel wie z.B. Paulus sind sich einig in dieser Deutung. Er ist der Weg zu Gott, der ‚Sohn des Allmächtigen'. Und Jesus selbst hat sich auch so verstanden, sonst müßte man unzählige Worte und Zeichenhandlungen aus dem Neuen Testament streichen. Mehr noch, er ist nicht nur ‚Weg' zu Gott, er ist Gott selbst.

Jesus, Menschwerdung Gottes.

Mein Arbeitszimmer liegt im Keller. Vor dem Fenster habe ich ein großes Loch, auf der einen Seite vom Fenster, auf den anderen Seiten von Pfählen begrenzt. In diesem Loch habe ich vor Jahren einen kleinen Teich angelegt und konnte bei der Arbeit schön beobachten, wie sich ein Biotop entwickelt hatte.

Eines Tages kamen Hanna und Jürgen, meine beiden Kinder, mit einem Eimer voller Froscheier an und deponierten sie in meinem Teich. Ich dachte nicht, dass daraus was werden würde ... aber siehe da, eines Tages schwammen hunderte von Kaulquappen im Teich herum. Später haben sie sogar kleine Beine bekommen. Ob in meinem Teich das geschah, was man ‚Evolution' nennt? Jemand setzt etwas in einen abgeschlossenen Lebensraum, es entwickelt sich - und kriecht eines Tages an Land?

Ich stelle mir vor, so geht das weiter. Irgendwann hüpfen vor meinem Fenster lauter Frösche herum. Sie haben hier ihre eigene

Welt. Und sie richten sich ein: Ein Froschkönig wird gewählt, sie bauen Höhlen, sitzen am Pool in der Sonne, fangen ihre täglichen Mahlzeiten ... Und es gibt sehr unterschiedliche Typen unter ihnen. Manche sind dick und schleimig, andere ehr dürre und trocken. Manche quaken den ganzen Tag allein herum, manche sitzen schweigsam da, andere quaken am liebsten im Chor. Einige sitzen an den Grenzpfählen ihrer Welt und quaken etwas von einer anderen Welt da draußen. Die meisten anderen erklären diese Frösche für weltfremd und abgehoben. Kurz: Eine ganz und gar froschig-menschliche Welt. Ich mag sie, meine kleinen Frösche und ich möchte mit ihnen Kontakt aufnehmen. Ich möchte ihnen die grünen, satten Wiesen zeigen und ihnen von der „anderen Welt" erzählen. Aber wie? Soll ich sie einfach ansprechen? „He, ihr Frösche!" Sie würden mich nicht verstehen. Soll ich ins Kellerloch steigen? Aus ihrer Froschperspektive würden sie nur meinen Schuh sehen und sich bedroht fühlen. Soll ich sie in einen Eimer stecken und in den Wiesen wieder aussetzen? Ich würde ihre kleine Welt zerstören, Freunde auseinanderreißen, ihnen Gewalt antun.

WAS GUCKST DU SO? BESSER GINGS NICHT

Wie also soll ich mich ihnen verständlich machen? Ich habe eine Idee, einen Weg gibt es. Ich muß in ihre Welt hinein - als Frosch. Dann kann ich ihnen begegnen, ohne dass sie Angst bekommen. Dann kann ich mit ihnen in ihrer Sprache reden. Dann kann ich ihnen von den Wiesen, von den anderen Möglichkeiten, von den Menschen erzählen. Doch ob sie mich verstehen? Ich muß es riskieren. Einen anderen Weg der Kontaktaufnahme gibt es nicht.

Sie haben Recht, ich kann das nicht. Ich kann nicht Frosch werden. Und warum nicht? Weil ich nicht Gott bin.

Aber Gott kann alles, wenn er will. „He can!" Er kann Mensch werden, ganz und gar! Theologisch nennt man das ,Inkarnation'. Gott wird Mensch. Anders könnten wir ihn nicht verstehen. Allerdings ergeht es Gott dabei wie mir mit meinen Fröschen. Gerade weil er Mensch wurde, halten wir ihn für einen Menschen (Johannes 1,1-11) und nur wenige glauben ihm. Es lohnt sich, mein Frosch-Gleichnis einmal zu meditieren und auf unsere Beziehung zu Gott zu übertragen.

Richtig, auch dieser Gedankengang ist kein Beweis dafür, dass sich in Jesus Gott selbst zeigt. Wir haben es ja jetzt mit einem Menschen zu tun und das vereitelt sofort wieder alle Beweise der Göttlichkeit Jesu. Außerdem, auch andere Religionen erzählen von Göttern, die Menschengestalt annehmen. Inkarnation ist also nichts speziell ‚Christliches' und ein Satz wie „dich schickt der Himmel" kann ja selbst heutzutage auf alle und jeden bezogen werden.

Es ist also nötig, sich mit der Person Jesu intensiver zu befassen. Ich hoffe sehr, dass Sie dann zu einer eigenen Deutung seiner Person kommen und dabei das Spezifische des christlichen Glaubens entdecken.

2. Wie Jesus in der Bibel beschrieben wird.

Nur in der Bibel wird uns ausführlich von Jesus berichtet. Manche, die in der Bibel lesen (sonst kann man sowieso nicht mitreden!), sind irritiert, denn die biblischen Verfasser setzen in ihren Erzählungen über Jesus sehr unterschiedliche Akzente.

Ich finde das nicht beunruhigend.
Wenn z.B. jemand eine Begegnung mit mir und mich selbst beschreibt, dann mit Sicherheit so, wie er mich erlebt hat. Sie können sich denken, dass mich mein Sohn Jürgen anders beschreiben wird, als mein Chef. Und wenn ein Kirchenvorsteher, dem ich auf einem Seminar begegne, etwas über mich erzählt, dann wird sich das anders anhören, als wenn meine Frau von mir erzählt. Manchmal kann man dabei wahrscheinlich sogar vermuten, es handelt sich um unterschiedliche Personen. Aber Irrtum, immer geht es um mich - nur die Erzähler erleben mich unterschiedlich und geben ihre ganz persönliche Wahrnehmung wieder. Dasselbe ist mit Jesus natürlich auch passiert. Es geht immer um dieselbe Person im Neuen Testament, auch wenn die Verfasser der Texte manchmal sogar abweichende Beschreibungen, Reden oder Erzählungen von sich geben.

Dasselbe geschieht dann auch beim Lesen der Texte im Neuen Testament. Jeder von uns entdeckt, je nach eigenem Standpunkt, etwas anderes. Jeder von uns findet andere Worte oder Geschichten wichtig. Ich nenne einmal einige Beispiele und wenn Sie mögen, lesen Sie doch die Berichte im Neuen Testament nach.

Der heilende Jesus

Da liegt ein Mensch auf einer alten Strohmatte. Um ihn herum quälen sich andere mit ihren Krankheiten ab. Sie alle warten darauf, dass im Teich unten in der Halle eine Heilquelle sprudelt. Doch die wenigsten kommen rechtzeitig dorthin, wenn das geschieht. Oft schon hat es der Gelähmte versucht: Er hat sich von seiner Matte Richtung Teich geschleppt. Aber immer kam er zu spät. 38 Jahre lang krank - und keine Hilfe in Sicht. Bis Jesus kommt. „Nimm Deine Matte und geh", sagt Jesus. Und der Kranke steht auf ... und geht. (Johannes 5).
Ich habe solche Heilungen (nicht nur) in Indien erlebt. Da wird eine Frau mit einem Ochsenkarren zum Gottesdienst gebracht. Sie kann nicht sprechen und ist obendrein auch noch gelähmt. Die Christen beten für sie. Drei Tage später treffen wir sie in ihrem Dorf. Sie kann, von zweien gestützt, kleine Schritte gehen und spricht einige Wörter. In vielen der Dorfgemeinden erzählen mir die Menschen von derartigen Heilungserfahrungen. Sie alle haben Jesus als den erlebt, der gesund macht. Auch wenn uns das hier in Deutschland eher unglaublich erscheint, diesen Leuten ist natürlich gerade der heilende Jesus wichtig. Und wer erlebt hat, dass Jesus mit seinen inneren Verletzungen fertig wird, dem ergeht es ähnlich.

Der lehrende Jesus

Wenn dagegen jemand nach Hilfen für sein ethisches Verhalten sucht, dann wird er sich besonders für den lehrenden Christus interessieren. Die Bergpredigt (Matthäus 5-7) ist in ihrer Radikalität bisher wohl noch nicht überboten worden. Wer danach lebt, der entdeckt, wie hilfreich Jesu Worte für das Zusammenleben von Menschen sind. Da geht es um die Liebe zum Feind genauso, wie um die Treue zum Ehepartner. Jesus fordert, dass Worte und Taten übereinstimmen. Nicht erst, wenn jemand einem anderen die Gurgel durchschneidet, beginnt für ihn das Töten, sondern schon beim Zorn. Jesus prangert falsche Frömmigkeit genauso an, wie Geldgier. Und er lädt zu einem sorglosen Lebensstil ein.

Eine großartige Rede! Wer Maßstäbe für sein Leben sucht, der sollte sie dort suchen und wird natürlich besonders „diesen" Jesus betonen. Allerdings entdeckt er mit Sicherheit auch, wie weit entfernt er von einem Leben nach dem Willen Gottes ist.

Der vergebende Jesus

Dann wird der vergebende Jesus für ihn wichtig: Jesus, der mich annimmt, wie ich bin - auch mit meiner Schuld. Jesus, der mich in die Arme schließt, wie der Vater den Sohn, der noch nach Schwein stinkt. Da steht eine Frau vor Jesus (Johannes 8,1-11). Offenbar hat man sie mit einem fremden Mann im Bett erwischt. Auf Ehebruch stand nach dem alten jüdischen Gesetz die Todesstrafe. Die Richter haben schon die Steine in der Hand. Da spricht Jesus das befreiende Wort: „Ich verurteile Dich nicht!"

Oder lesen Sie die Geschichte vom Zöllner Zachäus an (Lukas 19,1-10). Er hat mit den römischen Besetzern zusammengearbeitet und ist dabei auf Kosten seiner Volksgenossen reich geworden. Verschrien als Spitzel und Betrüger steht er vor Jesus. Alle anderen meiden Zachäus wegen seiner Schuld, aber Jesus kehrt in das Haus des Gauners ein. „Du vergibst Schuld!" das wird später sicherlich ein Grundbekenntnis des Zachäus gewesen sein.

Der Jesus der Fremden

Wieder andere betonen den Jesus der Fremden, der Migranten. Vielleicht ist es gerade heute wichtig, mit Geschichten wie dem Gleichnis vom barmherzigen Samariter (Lukas 10,25-37) zu zeigen, dass Jesus die Fremden hoch achtet. Immer wieder stellt er die damals aus fremden Ländern und Kulturen ‚Zugezogenen' als Vorbild hin. Von einer heidnischen Frau sollen die Juden das Beten lernen (Matthäus 15,21-31), und ein römischer Hauptmann ist der Erste, der nach der Kreuzigung Jesus als Gottes Sohn bekennt (Markus 15,39). Angesichts einer zunehmenden Fremdenangst und Abschottung gegen Menschen z.B. aus den afrikanischen Ländern, wird gerade dieser Akzent Jesu aktuell und fordert zu mutigem Handeln heraus. Wenn wir heute wegen der furchtbaren Terroranschläge beginnen, alle Moslems unter Generalverdacht zu stellen und sie auszugrenzen, ist es wichtig, von Jesu Umgang mit den ‚Fremden' zu lernen. Für Jesus waren und sind alle Menschen, egal welcher Hautfarbe und Religion, Gottes geliebte Kinder.

Der religionskritische Jesus

Manche finden den religionskritischen Jesus besonders wichtig. Endlich mal einer, der eine verkrustete Kirche und das kurrupte System religiöser Versorgung enttarnt und einmal sogar mit der Peitsche dreinschlägt (Matthäus 21,12-17). Es mag ja sein, dass die vielen Austritte aus der Volkskirche oder ihre Finanzkrise solche ‚Peitschenhiebe' sind, eine unmißverständliche Botschaft Gottes an seine Kirche, dass es so nicht weitergeht. Ja, ich kann mir vorstellen, dass Jesu Worte an die frommen Kirchenführer seiner Zeit manchem von uns sehr gefallen: „Ihr seid wie übertünchte Gräber, außen schön weiß, innen verfault" (siehe Matthäus Kap. 23). Genau das tut dann allerdings auch weh. Es sind nämlich vor allem Worte an uns kirchliche ‚Insider' und an die manchmal überaus kirchenkritischen Frommen unter uns, deren Gemeinschaften ja auch gemeint sein könnten.

Der befreiende Jesus

Wieder andere erleben Jesus als den Befreier der Unterdrückten. Jesus kämpft für die ‚Gleichberechtigung'. Es fällt ja auf, dass Jesus damals von vielen Frauen begleitet wurde. Diese Frauen waren nicht nur für die Küche da. Sie waren wie die männlichen Jünger einbezogen in alles, was Jesus tat. Dabei haben offenbar gerade sie besonderes Vertrauen zu Jesus aufgebaut. Und bei seiner Hinrichtung am Kreuz, da harrten die Frauen mutig aus, während die Männer fluchtartig das Weite suchten.

Mich wundert es nicht, dass auch heute besonders viele Frauen in den christlichen Kreisen zu finden sind. Das liegt mit Sicherheit nicht daran, dass Frauen naiver, anhänglicher und emotionaler sind und deshalb eher glauben. Es liegt vielleicht vor allem daran, dass sie in Jesus jemanden gefunden haben, der ihnen auch entgegen einer dominanten Männergesellschaft hilft, sich zu entfalten. ‚Emanzipation', das scheint mir damals wie heute eine Auswirkung der Begegnung mit Jesus zu sein.

Ich denke wieder an Begegnungen in unserer indischen Partnerkirche. Nach dem Gottesdienst soll Abendmahl gefeiert werden. Aber bevor es losgeht, strömen die vielen Gemeindeglieder erst einmal vor die Buschkirche ins Freie. Dort steht der Pastor der Gemeinde und beginnt, seiner Gemeinde die Füße zu waschen. Bald machen andere mit - für uns Europäer ein merkwürdiger Ritus. Noch ungewöhnlicher aber ist diese Symbolhandlung für Inder mit einem Hindu-Hintergrund. Nicht das Füße waschen schockt sie. Das wäre noch verständlich, wenn es ‚in der Familie bliebe'. Schockierend ist vielmehr, dass hier ‚kreuz und quer' gewaschen wird: Der reiche Großgrundbesitzer wäscht dem Kuli die Füße, die First Lady der armen Frau, ein ehemaliger Hindu einer hohen Kaste dem Stammesangehörigen. Die Kastengrenzen sind hier durchbrochen, die Unterdrückten bekommen die gleichen Rechte wie die ‚Herren' (Johannes 13). In den Kirchen der armen Länder hat gerade diese Bedeutung Jesu einen hohen Rang. Jesus ist auf der Seite der Geknechteten und der Unterdrückten. Das ist es, was viele an ihm fasziniert.

Der feiernde Jesus

Im Johannesevangelium beginnt Jesus seine Wirksamkeit nicht in einer Kirche und auch nicht bei einer Beerdigung auf dem Friedhof. Er tritt zuerst auf einer Hochzeit in Erscheinung. Wo Leute feiern, da ist er mittendrin. Sogar Alkohol ist dort in Strömen geflossen. (Johannes 2,1-12). Gerade jenen, die in der Kirche fröhliche Ausgelassenheit vermissen, ist ‚dieser' Jesus wichtig. Jesus hat nichts gegen Spaß, Freude, Ausflippen, Tanzen und andere Vergnügen. Er hat nur etwas dagegen, wenn daraus eine ganze Schwadron Götter gemacht werden und wir uns lieber „zu Tode amüsieren" als ihm zu vertrauen. Auf dieser Hochzeit in Kana hat Jesus damals geradezu programmatisch festgelegt, dass sein Programm die Freude ist. Und diese Freude wird auch sichtbar! Ob es gelingt, diesen Jesus in unseren Kirchen neu zu entdecken? Ich hoffe es.

Ich hoffe, es ist deutlich geworden:
Je nach Lebenssituation spricht Jesus uns in einer bestimmten Weise an und es wird etwas ganz Bestimmtes an ihm für mich wichtig.

4. Kapitel: Vom heruntergekommenen Gott
Gruppengespräch / Einzelarbeit

... ich lese in der Bibel
Ich nehme mir die Zeit, o.g. Bibelabschnitte zu lesen.
Wenn Sie wollen, lesen Sie ein ganzes Evangelium, z.B. Das
Lukasevangelium. Sie könnten sich dann alle Stellen anstreichen,
die Sie gut finden.

... was mir an Jesus wichtig ist.
Ich versuche, eine Antwort auf die Frage zu formulieren, was für
mich im Moment das Wichtigste an Jesus ist.
(Wenn wir uns mit einer Gruppe treffen, sprechen wir darüber)

3. Der Schlüssel zum Verständnis Jesu

Wir haben in Hanstedt eine schöne, über tausend Jahre alte Kirche.
Im Sommer ist sie tagsüber offen. Manchmal aber kommen Besucher
auch im Winter, um sich die Kirche anzusehen. Von außen ist das
kein Problem. Die alten Feldsteinmauern, die Bögen, die Inschrift in
den alten Grabsteinen - all das wird auf den ersten Blick sichtbar.
Wer aber den Altar sehen möchte und die bunten Darstellungen der
Fenster, oder wer gar die Atmosphäre dieser Kirche in einer der
täglichen Andachten erleben möchte, der braucht schon einen
Schlüssel und jemanden, der ihm aufschließt. Ohne Schlüssel kommt
niemand hinein.
So einen Schlüssel brauchen wir auch, wenn wir entdecken wollen,
wer Jesus wirklich ist. Ohne einen Schlüssel sehen wir sozusagen nur
seine Äußerlichkeiten - und da gleicht er vielen bedeutenden
Gestalten der Weltgeschichte. Auch Mahatma Gandhi hat eine
großartige Ethik des Gewaltverzichts gelehrt, auch Martin Luther
King ist für die Gleichheit der Menschen eingetreten, auch Karl Marx
hat religiös getarnte Ausbeutung scharf angegriffen und bei uns in
der Heide gibt es sogar heute noch Menschen, die auf seltsame Weise
Kranke heilen.
Was ist dann das Besondere an Jesus? Was ist sein ‚Geheimnis'? Was
ist einzigartig an Ihm?

Im Johannesevangelium (Johannes 12, 20-24) wird eine kleine, aber spannende Szene berichtet. Da kommen einige Griechen zu den Jüngern Jesu. „Wir wollen ihn sehen!" fordern sie. Ich finde das toll. Diese Leute geben sich nicht mit Berichten, Beschreibungen und

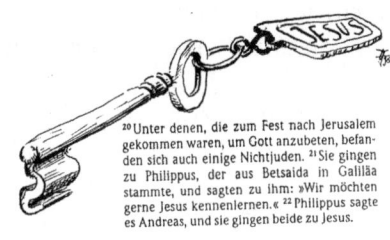

[20] Unter denen, die zum Fest nach Jerusalem gekommen waren, um Gott anzubeten, befanden sich auch einige Nichtjuden. [21] Sie gingen zu Philippus, der aus Betsaida in Galiläa stammte, und sagten zu ihm: »Wir möchten gerne Jesus kennenlernen.« [22] Philippus sagte es Andreas, und sie gingen beide zu Jesus.

Informationen aus zweiter Hand zufrieden. Die Sprüche von Klassenkameraden über Religion, Kirche und Glaube reichen ihnen nicht. Die Meinung von Eltern und Lehrern will man auch nicht einfach übernehmen. Selbst mit den Antworten der Pastoren und Priester begnügt man sich nicht. Gut, dass die Griechen weitergefragt haben. Sie wollen nicht über Jesus, sondern mit ihm reden. Sie wollen ihm selbst begegnen und sein Geheimnis ergründen.

Aber ganz so einfach macht Jesus es ihnen nicht.

„Wenn ich damals gelebt hätte und Jesus begegnet wäre, dann würde ich auch glauben!" sagen manche unserer Zeitgenossen. Für Jesus selbst ist das offenbar fraglich. Er weiß, dass die bloße Begegnung mit ihm den Griechen auch nicht weiter hilft. Nein, auch diese Griechen brauchen einen Schlüssel, um Jesus wirklich zu erkennen. Diesen Schlüssel sollen Andreas und Philippus den Fragenden und Suchenden bringen.

Vom Geheimnis seines Sterbens

Jesus spricht vom Geheimnis seines Sterbens. Nur, wer diesem Geheimnis auf die Spur kommt, hat den Schlüssel zum Verständnis Jesu gefunden.

> [23] Er antwortete ihnen: »Die Stunde ist gekommen! Jetzt wird die Herrlichkeit des Menschensohns* sichtbar werden. [24] Ich sage euch: Das Weizenkorn muß in die Erde fallen und sterben, sonst bleibt es ein einzelnes Korn. Aber wenn es stirbt, bringt es viel Frucht.

Von den Griechen wird nichts weiter berichtet. Ich weiß nicht, ob sie mit diesem rätselhaften Wort etwas anfangen konnten oder sich frustriert abgewandt haben: „Das versteht doch keiner!".

Aus vielen Gesprächen weiß ich, dass gerade Sinn und Bedeutung des Sterbens Jesu für die meisten völlig unverständlich geblieben sind. Da hat man zwar fromme Formeln gelernt: „Er ist für mich (am Kreuz) gestorben!", aber was das nun wirklich bedeutet, hat man nicht verstanden. Deshalb lade ich Sie ein, mit mir zusammen über Leiden und Sterben Jesu nachzudenken.

Bemerkenswert ist bereits rein äußerlich, dass die Passionsgeschichte, die Leidensgeschichte Jesu, in den Evangelien einen besonders breiten Raum einnimmt. Der Evangelist Markus verwendet von seinen 16 Kapiteln allein zwei Kapitel zur Schilderung der letzten zwei Lebenstage Jesu. Hätte er alle Tage der drei Jahre, in denen Jesus wirksam war, so ausführlich behandelt, müßten wir heute mehr als 500 Kapitel beim Lesen seines Evangeliums durchackern (arme Theologiestudenten und arme Konfirmanden!). So ähnlich ist es auch bei den anderen Evangelisten: Die Passionsgeschichte wird besonders ausführlich erzählt, weil sie für das Verständnis der Person Jesu von zentraler Bedeutung ist. Was passiert da eigentlich? Welche Schlüssel-Erlebnisse liegen in diesen Berichten?

Es ist sicher hilfreich, wenn Sie einen der Passionsberichte lesen. Sie können wählen zwischen Matthäus 26 + 27, Markus 14 + 15, Lukas 22 + 23 und Johannes 18 + 19.
Machen Sie sich ruhig Notizen und schreiben Sie sich Ihre Fragen auf.

4. Der Prozess Gottes

Alle Evangelisten beschreiben, wie Menschen über Jesus zu Gericht sitzen.
Es ist ein merkwürdiger Gerichtsprozess, der dort erzählt wird. Jesus behauptet, er käme von Gott, und Menschen verhandeln darüber, ob das wahr ist oder nicht.
Bis heute ist es so, dass wir uns auf den Richterstuhl setzen und nicht nur übereinander, sondern auch über Jesus entscheiden. Jesus erscheint als Angeklagter vor der religiösen und der weltlichen Obrigkeit. Es werden Zeugen vorgeladen, die gegen ihn aussagen sollen. „Wie kann ein Mensch gleichzeitig Gott sein!?" „Und wenn er Gott ist, warum läßt er dann Leid und Elend in der Welt zu?!" Und dann nehmen wir Gott ins Kreuzverhör: "Beweise, daß es dich gibt! Zeig dich endlich!" Auch heute treten im Prozess gegen Gott solche ‚Zeugen' großspurig auf. Vielleicht ist ein kluger Lehrer dabei, der seinen Schülern erklärt: „Alles religiöses Gerede! Gott gehört

einem überholten Weltbild an!" Und ein Abiturent stimmt ihm zu: „Mein Vater hat den Unfall gehabt - und da war kein helfender Gott, also gibt es ihn nicht!" Oder eine Kollegin wirft Gott vor, dass er den Terror in New York, das Erdbeben in Japan, den Krieg in Lybien und das Blutvergießen in Syrien doch hätte verhindern sollen. Zeugen, die gegen Gott aussagen, finden sich immer und überall.

Ein merkwürdiger Prozess: der Mensch urteilt über Gott - und Gott sitzt auf der Anklagebank. Jesus wird angeklagt, wird beschuldigt und verurteilt.

Aber an diesem Prozess ist etwas faul, von Anfang an. Bevor er beginnt (Markus 14,1), steht das Urteil nämlich schon fest: Er muss weg! Er hat keine Chance bei uns! Wir wollen ihn nicht!
Die Passionsgeschichte entlarvt die selbsternannten Richter. Was hier abläuft, ist ein bloßer Schauprozess! Man täuscht Gerechtigkeit vor, aber das Urteil steht längst fest.

Heuchellei

Darauf verstehen sich viele Menschen prächtig! Man hält sich die Wahrheit über Jesus und damit Gott selbst vom Leib.
Da sitzt ein junger Mann lässig und cool an seinem Tisch. Er hört sich meinen Vortrag an. Aber nichts, gar nichts läßt

er an sich heran. Offenbar hatte er das schon beschlossen, bevor er den Raum betrat: „Nur Cool bleiben! Das geht mich nichts an!"
Oder ich denke an Mitglieder eines Gospelchores. Sie singen fromme Lieder und das mit Temperament und Ausstrahlung. Doch als ihr Chorleiter ihnen vorschlägt, einmal über die Texte miteinander ins Gespräch zu kommen, da sind sie nicht interessiert.
„Damit können wir nichts anfangen", meint eine Sängerin, bevor das Gespräch überhaupt begonnen hat.
Und jener Mann am Tisch vor meinem Rednerpult, mit einem milden Lächeln im Gesicht sieht er mich an. „Na ja," bekennt er nachher in der Gesprächgruppe, „der Referent kann ganz gut reden, aber das ist doch alles nur Träumerei! Schon bevor ich kam, wusste ich das."
Wie ist es mit Ihrem Urteil über Jesus? Steht es auch längst fest? Egal,

was jetzt kommt? Da ich kann mir den Mund fusselig reden und die Finger wund schreiben, Sie haben längst entschieden, oder?

Was hier passiert, ist schon aufregend: Plötzlich wird der Prozess gegen Jesus zum Prozess gegen uns Menschen.
Und noch auffälliger ist, dass es zunächst nicht die ‚Weltmenschen' sind, die als Heuchler entlarvt werden, sondern die Frommen. Sie, die Kirchenleute damaliger Zeit, halten sich Jesus vom Leib und schrecken dabei auch nicht vor Lügen, Täuschung und Heuchellei zurück. Gegenüber der weltlichen Obrigkeit tun sie so, als sei Jesus ein politischer Aufrührer, tatsächlich wollen sie aber einen religiösen Widersacher loswerden. Äußerlich scheinbar fromm, doch innen drin sträubt sich alles gegen den, der als Sohn Gottes auftritt.
Ich muß dabei an einen alten Edgar Wallace-Film denken. Der "Hexer" ist gestellt, enttarnt. Aber plötzlich geht das Licht aus. Alles schreit durcheinander. Als das Licht wieder angeht, ist der ‚Hexer' verschwunden. An der Tür steht ein typisch englischer Bobby und zeigt nach draußen: „Da ist er langgelaufen!" Der ‚Hexer' ist verschwunden ... Wohin? Ganz einfach. Er steckt in der Uniform dieses Bobbys.
So etwas ist offenbar auch in frommen Kreisen möglich. Man stülpt sich eine christliche Uniform über, singt die frommen Lieder, betet mit, geht zu den christlichen Veranstaltungen - aber alles ist nur Tarnung. ‚Innen drin' will man mit Jesus nichts zu tun haben. Solche Täuschung, oder um es im Klartext zu benennen, solche Heuchellei, ist eine beliebte Art, Jesus zum Tode zu verurteilen.

Der Prozeß geht weiter. Jesus steht vor Pontius Pilatus, dem römischen Chef von Judäa und Jerusalem. Nur der hat die Macht, ein rechtsgültiges Todesurteil zu sprechen. Pilatus durchschaut die Hinterhältigkeit der Ankläger. Aber er selbst sitzt auf wackligem Stuhl und hat Angst vor der Macht der jüdischen Führer. Ein Aufstand in Jerusalem könnte ihm die Stellung kosten. Also gibt er nach einigem Zögern nach. Er paßt sich an, schwimmt mit dem Strom und hängt seinen Mantel nach dem Wind.

Anpassung

Auch Anpassung ist eine modische und beliebte Form, sich Gott vom Leib zu halten.
Da hat er im ,Konfus' gut mitgemacht. Er war voll dabei, hat sogar eigene Gebete formuliert und vor der Gruppe von seinem Glauben gesprochen. Aber ein Jahr später sieht man ihn auf seinem Moped davonrauschen und in der Jugendgruppe taucht er nicht auf. Dafür hat er seine Mopedgruppe. Jesus? Das ist jetzt nicht dran für ihn. Damit macht er sich doch nur lächerlich, damit schadet er seinem Ruf!

Elisabeth war Leiterin einer Jungschar. Sie hat gern biblische Geschichten erzählt. Sie hat mit den Kindern gebetet. Aber dann verliebt sie sich in Klaus. Und Klaus hält nichts vom Glauben. Elisabeth schweigt. Zwanzig Jahre später erzählt sie mir, daß sie wärend der ganzen Ehe mit Klaus nicht gewagt hat, neuen Kontakt zur Gemeinde zu suchen. Aus Angst, Klaus zu verlieren, hat sie sich angepaßt.

Markus hat ein Freiwilliges Soziales Jahr in einer christlichen Einrichtung gemacht. Dabei hat er sogar Andachten selbst gestaltet. Aber an der Uni merkt man nichts mehr davon. Schluss mit Beten.

Nadine leitet eine Jugendgruppe, ist sehr aktiv in der Kirchengemeinde und nach ihrer Konfirmation nun schon sechs Jahre im Mitarbeiterkreis. Im Büro, wo sie arbeitet, weiß das kein Mensch. Es ist, als führe sie ein Doppelleben: Hier Christ, dort ,Weltmensch'.

Georg macht bei der Feuerwehr mit. Als sie am Grab eines Kameraden Spalier stehen und der Pastor zum Vater Unser einlädt, da schweigt Georg - wie alle anderen auch. Niemand soll wissen, niemand darf wissen, dass er für sich allein dieses Gebet sehr oft spricht.

Aber auch, wenn es nicht um kirchliche Beispiele geht, sondern um ganz profane Angelegenheiten: Wir beherrschen das Pilatus-Spiel der Anpassung meist wirklich großartig. Da habe ich etwas eingesehen: So geht es nicht weiter mit meinem Tabak- oder Alkoholkonsum. Auch sollte ich endlich Energie sparen, ein kleineres Auto fahren, mein Haus sanieren ... Und von meinem Geld müsste ich einen guten

Teil abgeben und mit jenen teilen, die es nötiger haben... Ja, ich habe unzählige Einsichten gewonnen. Nur, ich setze davon kaum etwas in die Tag um. Warum auch? Die anderen leben doch auch weiter wie bisher. Warum soll ausgerechnet ich den Anfang machen? Anpassung.

Ich weiß, dass ich jetzt widersprechen müsste. Ich spüre, dass es jetzt schlüpfrig wird, unter die Gürtellinie geschlagen wird oder man ungerecht über andere Menschen herzieht. Aber ich mache mit. Lieber nichts riskieren! Es könnte mir meine Akzeptanz kosten ...

Der Pilatus-Effekt ist ganz offensichtlich nicht nur gängige Praxis unter Politikern. Auch wir beherrschen das mit der Anpassung ganz gut.

Es ist ein merkwürdiger Prozess gegen Jesus. Wer genau hinhört, merkt, wie er sich selber gegenüber Jesus verhält. Wer genau hinsieht, der sieht sich selbst und seinen Umgang mit Gott im Spiegel dieses Berichtes. Jetzt wird wieder deutlich, dass ich nicht nur Opfer der Sünde anderer bin, sondern auch Täter. Hier, in der Gerichtsverhandlung gegen Jesus, wird sichtbar, wie krankhaftes Misstrauen ausbricht und auf einen tödlichen Ausgang zielt.

Die Mauer wächst

Ich selbst baue an der Mauer, die mich von Gott trennt. Ich halte mir Gott vom Leib. Zwar tue ich so, als sei ich objektiv und suche nach der Wahrheit, aber im Herzen habe ich längst das Urteil gefällt: „Jesus, nein
danke!" Zwar mache ich den ganzen frommen Zirkus mit, aber es ist für mich nur ein buntes Showprogramm. Und wenn es wirklich drauf ankommt, dann sind mir andere Dinge wichtiger, dann geht es nur noch um mich und mein Image bei den Leuten.

Die Passionsgeschichte macht deutlich, daß ich im Prozess der Sünde mit drinstecke. Auch ich gehöre zu den Leuten, die Jesus ans Kreuz schlagen und sich Gott vom Leibe halten.

Wie damals. Das Urteil war gesprochen. Weg mit ihm! Pilatus macht noch einen hilflosen Versuch, Jesus gegen einen Mörder auszutauschen. Aber er hat zuviel Angst vor den Massen. „Kreuzige ihn, kreuzige ihn!"

Vielleicht eine Million Menschen waren damals während des Passahfestes in Jerusalem. Die Leute, die beim Prozess gegen Jesus dabei waren, kamen aus aller Herren Länder. Und alle schreien sie nun ganz offen: „Kreuzige ihn! Weg mit ihm!"

Jetzt verschleiert keine Heuchellei die wahren Motive, jetzt ist auch die Anpassung des Pilatus nicht Thema. Jetzt protestieren und jetzt rebellieren sie alle.

Rebellion

Rebellion gegen Gott. Niemand ist davon ausgenommen. Die Gymnasiasten schreien genauso laut wie die Hauptschüler. Die Armen sind sich eins mit den Reichen. Die Rechten verbrüdern sich mit den Linken. Männer und Frauen gleichermaßen, in dieser Sache sind sie sich alle einig: Jesus, der muss weg!

Diese offene Form der Rebellion mag Ihnen nicht besonders häufig begegnen. Ich vermute, Heuchellei und Anpassung liegen uns heute näher. Der Glaube ist ja ohnehin weitgehend zur Privatsache geworden, die angeblich niemanden etwas angeht. Und wir sind ja alle so furchtbar tolerant. Alles ist uns gleich gültig. Was soll ich mich also aufregen?

Doch ab und zu schreit es mal jemand hinaus. Ein Konfirmand gibt es offen zu: „Ich laß mich nur wegen des Geldes konfirmieren". In der Umkleidekabine nach dem Spiel verkündet eine Spielerin als Antwort auf die Einladung zum Gottesdienst: „Mit diesem religiösen Quatsch will ich nichts zu tun haben!" In der Talk-Show verkauft sich ein Promi als überzeugten Atheisten und fühlt sich dabei unglaublich toll. Als sich viele der Fußballprofis Brasiliens nach einem Sieg im T-Shirt mit „Jesus liebt dich" - Aufdruck präsentieren, können sich einige der Reporter ihre dummen Sprüche nicht verkneifen. Und

Nina Hagen, die sich auf ihre alten Tage plötzlich zu Jesus bekennt, ist ja ohnehin reichlich ‚gaga'!

Das Gute ist, dass man mit jenen, die offen in die Opposition gegen Jesus gehen, manchmal prima diskutieren kann. Sie bekennen Farbe und man weiß, woran man ist. Rebellen. Für uns als Demokraten stehen die ja hoch im Kurs. Solche Volksbewegungen muss man unterstützen ...

Aber ob man die Rebellion in Lybien oder Ägypten mit der Rebellion gegen Jesus vergleichen kann? Wohl kaum. Jesus ist weder Diktator noch hetzt er seine Armeen gegen Abtrünnige. Er kassiert keine Steuern, noch sind wir für ihn einfach nur ‚Menschenmaterial'. Im völligen Gegenteil ... Warum also rebellieren?

Es ist tragisch, dass etwas von dieser Rebellion gegen Gott dennoch in uns allen steckt. Und deshalb bezieht die Passionsgeschichte alle ein. Eine ganze Menschheit trennt sich von Jesus. Und nun? Es kommt, was kommen muß.

5. Das Urteil - Jesus wird gekreuzigt

Unser Umgang mit dem Sohn Gottes hat Folgen.

Jesus steht neben Pilatus. Er sieht sie alle an. Jedem schaut er tief in die Augen - und Ablehnung schlägt ihm entgegen. Dann hebt Jesus seinen Arm. Auf Schuld steht Strafe – oder? Energisch zeigt er auf das große Tor. Plötzlich öffnen sich die Flügel des Tores. Dröhnend preschen Reiter in den Hof. Sie sind schwer bewaffnet, tragen weiße, wehende Umhänge und sitzen auf feurigen weißen Pferden. Und dann zeigt Jesus auf die Leute, die ihn eben verurteilt haben. Auf jeden von uns zeigt er.

Schwerter blitzen. Die Reiter stürmen auf die Leute los ...

Kennen Sie den Bericht? An dieser Stelle haben in den Seminaren manche genickt. Aber die meisten haben erstaunt den Kopf geschüttelt. Wo sollte das stehen? In der Bibel?

Zum Glück steht es dort nicht! Trotzdem frage ich Sie: Was wäre eigentlich passiert, wenn Jesus seine göttliche Macht gebraucht hätte und all die Heuchler, Angepassten und Rebellen zur Rechenschaft gezogen hätte? Was wäre das Ergebnis solchen Eingreifens Gottes gewesen?

Angst vor Gott

Wenn ich mit dem Eingreifen eines strafenden Gottes rechnen muß, bekomme ich Angst. Und diese Angst bekäme wohl drei Gesichter: Die meisten wären geflohen. Irgendwo verstecken, nur abhauen! Vor einem solchen Gott kann ich  nur flüchten. Ein Gott, der mit mir abrechnet, treibt mich von sich weg. Lieber nicht an Gott denken! Lieber Action und Ablenkung, bloß nicht still werden und nachdenken, hören und mich diesen Zeilen wirklich stellen.

Einige hätten sich sicher gewehrt. „Mal sehen, so einen Engel müßte man doch vom Pferd hauen können. So stark ist Gott auch nicht. Da gibt es gute Gegenargumente, um die Christen zu entwaffnen." Ich wehre mich gegen Gott. Ich halte ihn mir vom Hals, wenn nötig mit Gewalt.

Wieder andere hätten sich vielleicht in den Staub geworfen. „Erbarme dich, erbarme dich!" Kriecherisch hätten sie um ihr Leben gejammert und wären auf den Knien herumgerutscht. So etwas gibt es auch, eine geradezu kriecherische Frömmigkeit versucht Gottes Gnade zu erwimmern, aus Angst.

Vielleicht gibt es noch andere Möglichkeiten, mit einem Gott umzugehen, der sich mit Macht behauptet. Aber alle Reaktionen wären von der Angst vor Gott gezeichnet. Das Ergebnis eines solchen Jesus wäre Angst, Flucht, Gegenwehr, Kriechertum, nur keine Liebe, nur kein Vertrauen, nur keine Umkehr.

Es kommt anders. Zum Glück! Jesus erträgt die Heuchelei, die Anpassung und die Rebellion.

Jesus wird gekreuzigt.

Jesus schlägt nicht zurück, als die Soldaten ihn auspeitschen. In die Riemen dieser Peitschen sind Knochenstücke hineingeflochten, die schlimme Wunden reißen. Jesus erträgt die Schmerzen. Man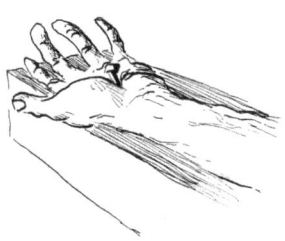

nagelt ihn an einen Balken. Er muß einen Teil seines Kreuzes bis vor die Stadt schleppen und bricht darunter zusammen. Sie verspotten ihn und pressen ihm die Dornenkrone auf den Kopf: „Wenn du Gott bist, hilf dir selbst!" Aber Jesus steht nicht auf wie ein James Bond oder Spiderman, um im letzten Moment die Bombe zu entschärfen und mit seinen Feinden abzurechnen. Das ‚Imperium' Gottes schlägt nicht zurück. Jesus wird gekreuzigt.

Ich habe oft gefragt: „Warum, Jesus, läßt du das zu? Warum setzt du dich nicht mit Gewalt durch? Wenn ich irgendwo predige - warum reißt du nicht die Decke auf und kippst eine volle Ladung Heiligen Geist in den Raum hinein. Dann würden alle glauben! Aber stattdessen läßt du zu, dass einige der Konfirmanden herumblödeln, Jugendliche mit ihrer ‚Null Bock auf nichts'-Stimmung dasitzen, Studenten dich zu Boden diskutieren, Erwachsene sich in ihre Panzer verkriechen ... und ich weiß nicht, was noch alles. Jede und jeder kann mit dir offenbar machen, was er will.
Auch ich selbst. Ich kann dich ignorieren, vergessen, verdrängen, irgendwo einordnen, übertrumpfen ... und du wehrst dich nicht. Ich kann mit deinen Gaben davonmarschieren wie der jüngere Sohn oder mich verbittert in den frommen Betrieb einklinken wie der Ältere. Und du läßt dir das alles gefallen. Ich kann weiter wie ein ‚Hexer' heucheln, mich wie ein Cameleon anpassen oder auch ganz offen gegen dich stehen. Und du läßt es zu. Warum? Warum steigst Du nicht vom Kreuz herab und gehst mal kräftig dazwischen?!"

Werben um Vertrauen

Das Geheimnis ist groß. Die ‚Frucht' seines Sterbens, von der er zu den Griechen spricht, ist nicht Angst sondern Vertrauen, nicht Gegenwehr sondern Liebe, nicht Flucht sondern Hinwendung, nicht Kriechertum sondern aufrechte Zuwendung. Der angstfreie, vertrauensvolle Zugang zu Gott ist wieder möglich.
In der Bibel wird das symbolisch beschrieben. Der Vorhang im Tempel zerreißt (Lukas 23,45). Dieser Vorhang trennte das Volk vom

Heiligtum der Juden, dem Ort, wo Gott gemäß jüdischem Glauben selbst wohnte. Nun ist niemand mehr von Gott getrennt. Der Zugang ist frei!

Dazu ein Vergleich: Soldaten beschießen sich erbarmungslos. In Schützengräben liegen sie sich als Feinde gegenüber. Friede ist nicht möglich. Da zeigt eine Partei die weiße Fahne und hört auf zu schießen. Einer klettert heraus aus der Deckung und gibt sich dem Feuer der anderen preis. Jetzt kann das Schießen aufhören. Versöhnung wird möglich.

Gott schießt nicht zurück. Er zeigt die weiße Fahne. Er will Frieden. Er riskiert sein Leben dafür. So wird Jesu Sterben eine eindrucksvolle Werbung um Vertrauen und die Rückkehr zum Vater. „Hab` keine Angst!" umwirbt mich Gott. „Ich liebe dich – und wenn ich daran sterben müsste!"

Leidenschaftliche Liebe

Liebe ist ein oft mißbrauchtes Wort. Hier, am Kreuz von Golgatha, bekommt dieses Wort sein wahres Gesicht. Weil Gott uns liebt, leidet er eher, als daß er zurückschlägt.

Jeder, der schon einmal geliebt hat, weiß, daß Liebe nicht nur ein Hochgefühl ist. Besonders, wenn sie nicht erwidert wird, wird das deutlich. Dann begrabe ich meine Liebe, manchmal schlägt sie sogar in Haß um. Oder ich halte sie durch und beginne zu leiden. Gerade solche Liebe, die Leiden nicht scheut, ist vertrauenswürdig.

Gottes Liebe gerät ins Leiden, ist im wahrsten Sinn des Wortes eine leidenschaftliche Liebe. Deshalb kann man ihr vertrauen! Gott wirbt um Ihre und meine Gegenliebe mit seiner Liebe. Nirgendwo sonst wird Gottes Liebe so deutlich sichtbar wie im Leiden und Sterben Jesu am Kreuz.

6. Niemals von Gott verlassen

Das Geschehen von Golgatha ist natürlich noch vielfältiger. Die Passionsberichte enthalten noch andere Schlüssel zum Verstehen der Person Jesu. Sie dürfen gerne staunen, wo und wie überall Gottesbegegnungen möglich werden. Man kann vielleicht von allen guten Geistern verlassen sein, aber nicht von Gott. Immer wieder geht es bei den verschiedenen Interpretationen des Sterbens Jesu um genau dieses Geheimnis: Jesus ist der Zugang zur Gemeinschaft mit dem leidenschaftlich liebenden Gott.

Gott ... mitten im Leiden

Wenn man ein Evangelium im Stück liest, merkt man schnell, dass Jesu Leiden nicht erst am Kreuz beginnen. Schon als Kind musste er mit seinen Eltern vor den Killern des Herodes flüchten. In seinem Heimatort Nazareth hat er offenbar viel Ablehnung erfahren, nachdem er seine Predigten begonnen hatte. Immer wieder setzten ihn Pharisäer und religiöse Fanatiker unter Druck und versuchten, seine Arbeit zu behindern. Auch persönliches Leid war ihm vertraut. Sein ,Kollege' Johannes wurde enthauptet, sein Freund Lazarus starb, seine engsten Vertrauten trauten ihm nicht mehr und liefen davon, sein Kassenwart verkaufte ihn für dreißig Silberlinge, sein ,bester' Mann ließ ihn jämmerlich im Stich. Jetzt, am Hügel Golgatha, eskaliert das Leid. Spott und Hohngelächter, unglaubliche Schmerzen, brennender Durst, Einsamkeit ... Jesus scheut das Leiden nicht. Er setzt sich ihm aus.

Es wird rund um das Thema ,Leiden' viel spekuliert. Gott selbst schickt das Leid, behaupten einige Christen? Ich kann das akzeptieren, wenn jemand persönlich bekennt: „Gott hat mich ins Leiden geführt, damit ..." So ist es sein ganz individuelles Glaubensbekenntnis. Aber ich kann nicht akzeptieren, dass daraus eine menschenverachtende Theologie gemacht wird: Gott schickt das Leid! Welch ein Hohn gegenüber jenen, die Leid tragen! Nein, ein guter Vater will das Leiden nicht.

Kommt das Leiden vom Teufel? Bin ich selber Schuld? Ich gestehe Ihnen gerne, dass ich auf solche und ähnliche Fragen nur Teilantworten gefunden habe. Auch die Bibel ist da nicht eindeutig – bis auf das entscheidende Bekenntnis: Dort wo gelitten wird, ist Gott gegenwärtig!

Auch wenn es Ihnen furchtbar schlecht geht, Gott ist da! Jesus ist ins Leiden hineingegangen und ihm nicht ausgewichen! Folglich: Wenn Sie leiden müssen, ist Christus bei Ihnen. Er lässt Sie nicht im Stich. Es gibt Menschen, auch ,gläubige' Christen, die meinen, wer nur richtig glaubt, der wird von Gott vor dem Leiden bewahrt. Das stimmt mit Sicherheit nicht. Der Glaube ist keine Medizin und das Kreuz kein Talisman gegen Leiderfahrungen. Welch eine Qual: Wenn ich doch leide, dann weil ich noch nicht richtig glaube? Welch ein Holzweg! Gott ist kein Garant eines leidfreien Lebens – aber er garantiert, dass er im Leiden da ist, direkt an Ihrer Seite!

Gott ... in Gottverlassenheit

Jesus hängt am Kreuz. Ein schlimmer Tod, der meist durch Ersticken eintrat. Bevor Jesus stirbt, bittet er für seine Feinde: „Vergib ihnen, sie wissen nicht, was sie tun!"
Dieses Gebet schließt Sie und mich ein. Jesus betrachtet uns nicht als Feinde. Er appeliert an den Vater, und sollte der Vater dieses Gebet überhören? Ich bin sicher, es kommt aus seinem Herzen. Und wenn er mir vergibt, dann kann ich beginnen, ihm zu vertrauen.
Dann dieser furchtbare Schrei: „Mein Gott, mein Gott, warum hast du mich verlassen?!" Das ist kein goldenes Wort, das man sich in übers Bett hängt. Das ist das entsetzlichste Wort, das je aus dem Mund eines Sterblichen kam. Wie ein Fisch ohne Wasser, wie ein Mensch ohne Luft, tiefe Heimatlosigkeit, Hölle und Tod, jenseits von Eden - Jesus hat die totale Gottesfinsternis erlebt. Dieser Gott ist wirklich ‚heruntergekommen'!
Niemand kann tiefer fallen als Jesus. Auch wenn mancher von uns sich fühlt, als sei er von allen verlassen, auch von Gott. Jesus hat das durchgemacht und ist an unserer Seite. Auch dann, wenn Sie in Ihre Kissen heulen und sich von Gott und der Welt verlassen fühlen? Auch dann, wenn keines Ihrer Gebete Erhörung findet? Auch dann, wenn Sie von Gott nichts mehr spüren, wenn alles tot und leer erscheint und Ihr Glaube ausgebrannt und erkaltet ist?
Auch dann! Gott selbst geht hinein in die Gottverlassenheit. Paradox aber großartig: Nicht einmal mehr Ihre Gottverlassenheit ist von Gott verlassen!

Gott ... im Sterben und Tod

Jesus stirbt. Er wird begraben. Vorbei, der Tod umklammert ihn wie die Felsen der Gruft, in die sie ihn legen. Bis ins Sterben

hinein läuft uns der Vater entgegen. Bis ins Grab hinein reicht die Liebesgeschichte Gottes. Bis in den Tod hinein reicht sein Werben um uns Menschen.

Soll ich Ihnen etwas verraten? Ich glaube nicht, daß mit dem Tod alles aus ist und wir einfach verrotten wie unsere Körper im Grab. Zwar kann ich mir das alles nicht vorstellen, aber Jesus ist sogar noch bei mir, wenn ich kalt im Sarg liege. Ja, auch ich habe Angst vor dem Sterben. Noch mehr entsetzt mich der Gedanke an den Tod. Es ist mir unerträglich, einfach nicht mehr zu sein. Jene coolen „So ist das nun mal!" – Realisten kann ich nicht begreifen. Ich liebe mein Leben und deshalb ist der Gedanke an ein „nicht mehr sein" schrecklich. Aber wenn mir mein Vater, mein ‚Abba', nun auch im Reich des Todes begegnet? Wenn der Tod nicht mehr als ein Sekundenschlaf bedeutet? Wenn diese Sekunde auch noch gefüllt wäre mit der Gegenwart Jesu? Dann verlieren Sterben und Tod ihre Schrecken. Auch sie können mich nicht trennen von der Liebe Gottes!

Gott ... in der Hölle

„Hinabgefahren in die Hölle", diese Worte stammen aus einer alten orm des Glaubensbekenntnisses. Welch eine Aussage! Sie denken, bei Ihnen ist „Hopfen und Malz verloren", was den Glauben angeht? Vierzig, fünfzig Jahre ohne Gott, wie soll sich das denn nun ändern? Sie meinen, Sie sind Gott - losgeworden? Ich glaube, daß Gott an Ihrer Seite ist und immer war.

Sie erleben Ihr Leben wie die Hölle? Alles hat sich gegen Sie verschworen. Niemand hält zu Ihnen? Ich glaube, daß Jesus bei Ihnen ist, näher, als Sie ahnen. Ob das Ihre Situation auch real verändert? Ich denke, ja. Verzweifeltes Dunkel, höllische Probleme, teuflische Bindungen, wenn Jesus sogar in der Hölle herrscht, dann befreit er auch dazu, gegen all das anzukämpfen.

Es ist erstaunlich, was Menschen aus Situationen, die die ‚Hölle' bedeuten, berichten. Überlebende eines Konzentrationslagers erzählen von Wundern der Menschlichkeit unter Insassen und Wärtern. Mitten im Chaos des Tsumanis wurden Menschen wundersam bewahrt und machen unglaubliche Hilfserfahrungen. In Kriegsgebieten, während furchtbarer Erdbeben, inmitten der verstrahlten Trümmerberge von Fukushima, im Detornationsstaub der Terroranschläge – mitten in solchen, oft von Menschen herbeigeführten ‚Höllen', machen direkt Beteiligte ihre Gotteserfahrungen. Und später erzählen sie davon. Welch ein Gott! Wenn es denn überhaupt ‚die Hölle' gibt, dann geht er dort hinein und füllt sie mit seiner Gegenwart. Armer Teufel – der hat nun nichts mehr zu Lachen!

Das Kreuz Jesu - richtig gedeutet?

Woher nehme ich eigentlich diese Deutung der Passionsgeschichte Jesu? „Verflucht ist, der am Kreuz hängt", so haben die Juden damals einen solchen Tod interpretiert. Ein Verbrechertod, ein Tod ohne Würde, ohne tieferen Sinn. Von Gott und den Menschen verlassen, an den Machtstrukturen seiner Zeit gescheitert, zerbrochene Traumwelten – das ist das Kreuz. Die Leidens- und Todesgeschichte Jesu für sich genommen gäbe keinen anderen Sinn. Die Jünger Jesu verkrochen sich deshalb irgendwo in einer Wohnung der Altstadt Jerusalems. Einige gingen frustriert zurück in ihre alte Umgebung, zurück nach Emmaus. Petrus, Andreas und die anderen Fischer gingen wieder auf Fischfang an den See Genezareth. Alles schien vorbei zu sein.
Aber dann ist Jesus wieder da. „Fürchtet Euch nicht!"
Er zeigt sich ihnen. Er lebt.

7. Ostern – er ist auferstanden!

Ich sage es mal so: Wenn die Geschichte Jesu mit dem Kreuz und seinem Tod zuende gegangen wäre, würden Sie dieses Buch nicht lesen und diesen Kurs nicht mitmachen. Wozu auch? Da wäre ein großartiger Idealist und Träumer gescheitert. Am Ende war es mit ihm dann doch vorbei. Seine Ideen und Worte bleiben immerhin? Ja und? Wir haben so viele Ideen und noch mehr Worte. Wir haben und machen so viele und ganz sicher auch gute Sprüche! Aber sie werden angesichts des Todes alle blass und endlich. Sie versagen, wenn es hart auf hart kommt. Sie können manches, aber kein Leben schaffen oder erhalten.

Anders ist das Eine Wort Gottes, Jesus (Johannes 1,14). Hier greift Gott ins Geschehen ein und das bedeutet Leben, Überwindung des Todes. Erst jetzt ist unser eigentliches Problem bewältigt und unsere eigentliche Sehnsucht erfüllt. Der Weg zum Leben ist frei.

Das Grab ist leer.

Wie die Auferstehung Jesu im Einzelnen vor sich ging, wird nicht berichtet. Das leere Grab allein ist kein Beweis seiner Auferstehung. Da kann man auch vermuten, sein Leichnam wurde geklaut. Aber Jesus zeigt sich seinen Jüngern. Das macht sie froh und es beginnt eine beispiellose Zukunfts- und Lebensgeschichte.

Die Evangelien berichten von mehreren solcher Begegnungen mit dem auferstandenen Jesus.
Als Erste begegnen einige der Jüngerinnen dem Auferstandenen. Maria, aufgelöst in Tränen über den schmerzlichen Verlust, hält ihn zunächst für den Gärtner. Aber dann redet Jesus sie an: „Maria!" Und sie erkennt ihren Herrn. Als Petrus mit seinen Freunden seine Netze auswirft und seinen alten Job wieder aufnimmt, hat er keinen Erfolg. Erst als ihn ein Mann am Ufer auffordert, es noch einmal zu versuchen, füllen sich die Netze und er erkennt Jesus. Auch jene zwei, die zurück nach Emmaus gehen, machen ihre Ostererfahrung. Lesen Sie dazu einmal im Evangelium nach Lukas, Kapitel 24.

Da sind zwei frustrierte Jünger unterwegs.
Sie haben Leiden und Sterben Jesu als Scheitern erlebt, wie sonst?! Aber dann geht Jesus mit ihnen. Sie erkennen ihn nicht. Erst als Jesus ihnen das Brot und den Wein reicht, „da wurden ihnen die Augen aufgetan". Sie merken an diesem Symbol, daß Jesus lebt. Und nun erst verstehen sie die Bedeutung der Passionsgeschichte.
Erst jetzt merken sie, worum es die ganze Zeit ging. Es ging eben nicht um einen Prozess gegen den Menschen Jesus. Es ging um den Versuch der Menschen, Gott zu vernichten. Gott selbst wurde verurteilt, verspottet, gefoltert und ans Kreuz gehängt. Das blutüberströmte Gesicht Jesu war das Gesicht Gottes. Die Stimme am Kreuz war die Stimme Gottes. Die Schmerzen, das Leiden und das Sterben, das sie erlebten, nahm Gott selbst auf sich.
Es mußte so kommen, beschreiben die Jünger später ihre Erkenntnis.

Ohne diesen Tod hätten wir der Liebe Gottes nicht vertrauen können. Ohne dieses Sterben gäbe es immer noch ‚gottlose' Bereiche im Leben. Doch jetzt ist der Zugang zum Vater frei. Glaube, Liebe, Vertrauen - jetzt können wir uns darauf einlassen und erleben, wie uns der liebende Vater in die Arme nimmt.

Symbole und Zeichen

Übrigens, Symbole und Zeichen spielen bis heute eine wichtige Rolle, wenn Jesus sich als der Auferstandene zu erkennen gibt. Das Abendmahl z.B. ist für viele Menschen ein solches Zeichen. So wie Brot und Wein spürbar in mich hineinkommen, so kommt Christus in mein Leben hinein. So wie wir in einem Kreis stehen und das Abendmahl aus der Hand eines Mitchristen empfangen, so ist die Gemeinschaft mit Gott real und konkret.

Ich selbst habe lange Zeit keine Gewissheit gehabt, dass Jesus wirklich für mich da ist. Erst als mir ein Mitarbeiter als Zeichen der Nähe Gottes die Hände auf den Kopf gelegt und mir so die Nähe Gottes zugesprochen hat, konnte ich sie auch glauben. Und das war schon eine aufregende Entdeckung, das Wunder der Liebe eines ‚heruntergekommenen' Gottes.

In den Abschlussgottesdiensten des Glaubenskurses bieten wir solche persönlichen Segenszeichen an und ich kann auch jenen, die dieses Buch lesen, nur empfehlen, sich solchen Zeichen und Symbolen zu öffnen. Deshalb empfehle ich, Orte aufzusuchen, wo soche Angebote gemacht werden. Es kann durchaus sein, dass Sie dort Ihre ganz persönliche Ostererfahrung machen.

In den beiden letzten Kapiteln möchte ich beschreiben, wie diese Liebe Gottes konkret erfahrbar wird. Es wird also gewissermaßen um solche „Ostererfahrungen" gehen, um die Begegnung mit dem auferstandenen Jesus.

4. Kapitel: Vom heruntergekommenen Gott
Gruppengespräch / Einzelarbeit

Das Lied der Liebe
Ich lese 1.Korinther 13. Dort geht es um die "Liebe".
Wie hört sich das eigentlich an, wenn ich überall, wo "Liebe" steht,
den Namen Jesu einsetze? Könnte mich dieser Jesus faszinieren?

... auch mein Prozess?
Habe ich mich in dem "Prozessbericht" wiedergefunden?
Heuchellei, Anpassung, Rebellion - ist eines davon auch meine Methode, mir Gott vom Leib zu halten?

Ostern, auch für mich?
Ich denke wieder an meine Lebensgeschichte: gibt es dort „Zeichen", die auf den lebendigen und auferstandenen Jesus hinweisen?

8. Ergänzende Anmerkungen

Theologisch Gebildete und Bibelkenner unter Ihnen vermissen vielleicht einige ‚klassische' Deutungen des Kreuzes Jesu. Ich habe sie hier bewußt weggelassen, da es mir vor allem um das werbende Lieben Gottes und um ein Beziehungsgeschehen zwischen Gott und uns Menschen geht. Dennoch hier drei weitere biblische Akzente – vielleicht sprechen sie ja gerade jene unter uns an, die nah an der Ausdrucksweise der Bibel bleiben möchten. Schön, dass Sie die Botschaft des Kreuzes auf die Ihnen angemessene Weise entdecken!

Jesus stirbt als Opfer für unsere Sünden.

Diese Erklärung für den Kreuzestod finden wir mehrfach in der Bibel. Im kultisch orientierten Opferdenken der Religionen ist diese Deutung schlüssig: Damit der zürnende Gott zufrieden gestellt wird,

wird ihm ein Opfer gebracht. Gott muss Blut sehen, um zu vergeben. So richtet er seinen Zorn auf seinen eigenen Sohn, damit nicht wir Menschen ihm ausgeliefert werden. Jesus stirbt um Gottes Willen. Ein blutiges Geschehen!

Aus meiner Sicht und für mich selbst ist solche Deutung für das Verstehen des Kreuzes heute nicht mehr zwingend erforderlich. Außerdem ist mir das kultische Opferdenken der Religionen extrem fremd. Gott ist mein ‚Vater', nicht eine distanzierte Gottheit, die erst durch ein blutiges Opfer besänftigt werden muß. Ich glaube, dass nicht Gott das Blut Jesu sehen muss um gütig zu sein, sondern dass wir Menschen das Blut Jesu sehen sollen, damit wir erkennen, wie sehr er uns mit jeder Faser seiner Existenz liebt. Folglich stirbt Jesus nicht um Gottes Willen, sondern um uns Menschen willen.

Jesus stirbt und trägt die Strafe für meine Schuld.

„Die Strafe liegt auf ihm, auf dass wir Frieden hätten" (Jesaja 43). Eine solche Deutung des Kreuzes Jesu liegt mir schon eher. Sie beschreibt das Kreuz in der Sprache der Rechtsprechung und vor allem der Apostel Paulus bedient sich ihr sehr häufig, z.B. wenn er vom ‚Lösegeld' spricht. Jesus ‚zahlt' mit seinem Leben für meinen Freispruch.
In meiner Erzählung vom Prozess klingt dieses Verständnis auch durch: Obwohl wir heucheln, uns anpassen, gegen Gott rebellieren und deshalb durchaus Strafe verdient hätten, gibt Gott uns frei. Und richtig, es ist ein großartiger Gedanke, dass wir keinerlei Strafe von Gott, unserem Richter, zu erwarten haben. „Die Strafe liegt auf Ihm!" Er hat für mich bezahlt!

Dennoch, die Schwäche dieser Deutung ist nicht nur die zumeist ‚kühle' Rechtsprache, sondern ich empfinde auch einige Defizite in der Logik. Gott unterstellt sich in diesem Denken einer höheren Instanz, der Gerechtigkeit des Gesetzes. Auch wenn es sein eigenes Gesetz ist - er wird doch allzu schnell, und mit ihm auch wir, Sklave dieser höheren Instanz. Er wird dann oft nicht mehr als der zuverlässige Gott, sondern auch als pedantischer Gerechtigkeits-fanatiker erlebt, vertreten durch jenes Bodenpersonal, das aus der Bibel eine Gesetzes- und Vorschriftensammlung macht. Aber ich glaube, Gott ist souverän. Dass er auf seinem Gesetz besteht, zeigt seine Treue und Zuverlässigkeit – aber er hätte das mit der Erlösung auch ganz anders hingekriegt, als durch die stellvertretende Bestrafung Jesu. Deshalb verzichte ich weitgehend auf die Deutung des Kreuzes mit Begriffen aus dem Rechtswesen. Was für mich vor allem zählt, ist die Liebe Gottes, und die wird nirgendwo so sichtbar wie am Kreuz Jesu und in seiner Auferstehung.

Jesus als Sündenbock

Am großen Versöhnungstag des Volkes Israel wird ein symbolisch mit der Schuld des Volkes beladener junger Bock zum Sterben in die Wüste hinaus gejagt. Man macht jemanden zum ‚Sündenbock' und der trägt die trennende Sünde weg.

Diese Deutung des Kreuzes kommt uns durchaus nahe, wenngleich sie uns als religiöse Symbolhandlung letztlich fremd bleibt. Ein wenig wird sie aufgenommen, wenn wir Sie im Rahmen eines Gottesdienstes bitten, Ihren ‚Sündenbrief' (siehe 3. Kapitel) zum Kreuz zu bringen. Dann werden Sie ja eingeladen, symbolisch Ihre Sünden am Altar abzugeben und Jesus ‚aufzuladen'.

Gut bekannt ist die Sache mit dem Sündenbock allerdings im täglichen Leben: Wir schieben die Sünde auf andere Menschen und grenzen diese aus. So entlasten wir uns, belasten allerdings andere. Und manchmal sind wir selbst die ‚Sündenböcke' und erleiden Mobbing, Anfeindung oder Isolation.

Wie schön, wenn am ‚großen Versöhnungstag' ein anderer all das an unserer Stelle auf sich nimmt. Da kann sich tatsächlich Versöhnung ereignen und wir können solche Opfer- und Tätermuster endlich durchbrechen!

Ob Sie nach Lektüre dieses Buches auch zu jener Aussage kommen, unter die ich dieses Kapitel gestellt habe: „Jesus? Der ist für mich gestorben!"?

Ich würde mich freuen – natürlich nur, wenn Sie es ganz positiv sagen und als jemand, die oder der entdeckt hat, worin der Schlüssel der christlichen Botschaft besteht.

„Wer´s glaubt, wird selig!"
Vom Geschenk des Glaubens

Das 5. Kapitel

Irgendwo am Ende der Welt und dort nochmals abseits jeder Zivilisation im Stammesgebiet Zentralindiens, liegt das kleine Dorf Arukuru. Im Licht der Petroleumlampe saß ich dort im Herbst 1988 mit einer kleinen Christengemeinde zusammen und erzähle ihnen, dass Berlin durch eine Mauer in Ost und West zerteilt wird. Diese einfachen Menschen hatten davon noch nie etwas gehört. Sie waren entsetzt. „Wir beten für euch in Deutschland!" sagte eine alte, runzlige Frau und die anderen nickten. "Gott wird diese gräßliche Mauer zerstören!"

Wie war meine Reaktion? Auf Deutsch, also für meine Freunde unverständlich, habe ich damals genau dies vor mich hingemurmelt: „Wer´s glaubt, wird selig!"

Ein Jahr später, am 10. November, war ich wieder in Arukuru. Am Tag vorher hatte ich im Deutschlandfunk von der Öffnung der Mauer gehört und war voller Jubel. Den habe ich auch sofort mit meinen Freunden in Arukuru geteilt. Und was sagten die? „Gott sei Dank! Aber uns war das klar, wir haben ja auch gebetet!"

Ja, wer´s glaubt, wird selig!

Ohne Glauben geht es nicht.

Ich warte an der Bushaltestelle. Der Bus kommt. Wir steigen ein, bis auf den komischen Vogel mit dem Hammer. Er klopft die Reifen ab und rüttelt an den Rädern. „Was soll das denn?" frage ich ihn. „Logo," sagt er, „ihr glaubt, daß der Bus sicher ist und fährt. Ich glaube nur, was ich sehe!" Als wir einsteigen und uns setzen, sehe ich den Typ zum Busfahrer gehen. Ich traue meinen Ohren nicht: „Zeigen Sie mal Ihren Führerschein!" verlangt mein moderner Zeitgenosse vom Fahrer. Der kriegt große Augen. „Wieso das?" „Ich glaube nur, was ich sehe!" antwortet der mit dem Hammer...

Ausgedacht, die kleine Geschichte? Richtig. Ausgedacht – oder besser aus der Predigt eines Freundes geklaut. Ohne Glauben und Vertrauen geht es nicht. Wir würden uns lächerlich machen. Wir können nicht alles nachprüfen, wir wären nicht lebensfähig und fänden uns bald in einer Anstalt wieder. Wer das Leben bewältigen will, muß vertrauen können, muss glauben.

Erst recht gilt das in den Beziehungen unter Menschen. Für die Liebe meiner Frau bekomme ich keine Beweise, ich glaube sie ihr. Dass meine Kinder mich nicht anlügen, kann ich nicht absichern, ich glaube ihnen das. Dass ich mit meinem Freund rechnen kann, darauf vertraue ich. Vertrauen kommt aus der tiefen Gewissheit, dass wir zusammen gehören, dass wir uns aufeinander verlassen können, dass wir uns gegenseitig das Beste vom Leben gönnen. Nur, wer solche Gewißheit kennt, kann gelassen und fröhlich sein Leben anpacken. Ob es solche Gewißheit auch für den christlichen Glauben gibt? Ob auch Sie und ich mit den Christen in Arukuru zusammen glauben können, dass Glaube selig macht?

Erinnern sie sich an Alexamenos? Das war der, der auf der ersten Jesus-Zeichnung wegen seines Glaubens verspottet wird. Die merkwürdigen Leute, die zu diesem Jesus am Kreuz beteten und ihn „Kyrios" (also: Herr) nannten, wurden damals „Christianoi" genannt. Das mußten wirklich Esel sein.

Mit bitterem Spott waren sie noch gut bedient. Viele Christen der ersten Zeit wurden ins Gefängnis gesperrt oder gar den Löwen im römischen Zirkus vorgeworfen oder anders verfolgt. Es ging nicht an, daß sich irgendwer weigerte, vor den Standbildern des Kaisers auf die Knie zu fallen, und stattdessen diesen Mann am Kreuz, diesen Christus verehrte.

Die Bezeichnung „Christ" hatte also Konsequenzen.

Auch meine Freunde in einem der indischen Stammesdörfer wurden schon von Männern des Dorfes mit Pfeil und Bogen bedroht. „Hört auf zu eurem Gott zu beten, hört auf, diese Lieder zu singen! Wir wollen euch Christen hier nicht." In der Bezeichnung „Christ" steckt Sprengstoff. Es ist ein profiliertes Wort: Man weiß, was damit gemeint ist.

Wirklich? Hier und heute erlebe ich das anders. Im übertragenen Sinne könnte man sagen, dass das Profil dieses Wortes abgefahren ist wie ein alter Reifen.

Worum geht es beim christlichen Glauben?

Oder anders gefragt: Wer oder was ist eigentlich ein Christ?

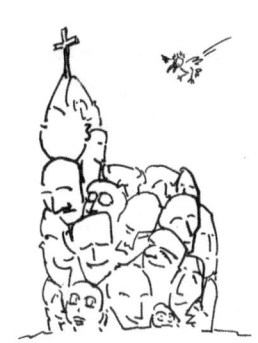

Auf diese Frage wurden und werden verwirrend viele Antworten gegeben. Manchmal habe ich den Eindruck, jeder und jede hat eine eigene Antwort. Sogar in der Kirche wird über diese immerhin wesentliche Frage oft der Mantel des Schweigens gehüllt. Vielleicht aus Angst, dass ja herauskommen könnte, dass wir unter „Christ-Sein" alle etwas anderes verstehen und uns deshalb nicht mehr verstehen. Besser, wir leben drauflos, pflegen unsere kirchlichen Aktivitäten und die gute, alte Tradition.

Die Folge ist, dass man nicht weiß, was einen Christen eigentlich zum Christen macht. Da frage ich einen jungen Mann, ob er Christ ist, und er antwortet: „Äh, ja, ne." Er weiß es nicht. Richtig, es gibt Fragen, auf die man nicht eindeutig antworten kannn. „Bist du glücklich?" wenn mich jemand so fragt, habe ich keine klare Antwort. „In Bezug auf meine Kinder, ja - in Bezug auf die politische Lage, nein!" Ich muß sehr differenziert antworten. Aber es gibt eine andere Sorte von Fragen, die muss und kann man mit einem klaren „Ja" oder „Nein" beantworten.

Nehmen Sie z.B. die Frage: „Bist du in Berlin geboren?" Die Antwort: „Ab und zu, gelegentlich ..." macht keinen Sinn. Oder: „Bist du Deutscher?" Dann kann man schlecht antworten: „Mal gelingt's, mal nicht." Nein, sieh besser in deinen Paß - da steht's eindeutig drin.

Solch eine eindeutige Antwort gibt es auch auf die Frage nach den Christ-Sein. Ob Sie sich mit mir zusammen auf die Suche nach dieser Antwort machen?

Es könnte natürlich auch sein, daß Sie Angst davor haben, weil Sie ahnen, dass die Antwort Sie enttäuscht. Wenn sich nämlich herausstellt, dass Ihr bisheriges Verständnis den Kern des Christ-Seins nicht trifft, könnten Sie arg enttäuscht werden. „Ich habe mich bisher für einen Christen gehalten - und nun bin ich es offenbar gar nicht!" Enttäuschungen zeigen an, daß man sich getäuscht hat. Das tut weh, aber es ist zugleich die Chance, sich der Wirklichkeit zu stellen und neue Perspektiven zu gewinnen.

„Wer ist Christ?" Wenn wir das herausfinden, werden wir gleichzeitig auch entdecken, was ein Christ meint, wenn er vom „Glauben" spricht. Spannend wird es auf jeden Fall, weil wir uns jetzt mit den geläufigen Antworten auseinandersetzen müssen und entdecken werden, dass viele von ihnen am Kern der „Sache" vorbeigehen und tragische Mißverständnisse produzieren.

1. Christ sein - die häufigsten Missverständnisse

„Christ ist, wer glaubt statt zu wissen!"
(Ein sprachliches Missverständnis)

„Wer's glaubt, wird selig!" „Glaube ist nicht Wissen." „Da muss man seinen Verstand an der Garderobe abgeben." „Ich glaube nur, was ich sehe!" Wir alle kennen solche Sprüche jener, die sich den Glauben vom Hals halten und ihn in die Abteilung ‚Vermutung' verbannen. Aber auch manche Befürworter und selbst überzeugte Christen tappen in dieselbe Falle: „Das musst du eben glauben!" „Wer glaubt, braucht keine Beweise." „Wenn du nur fest daran glaubst, dann geschieht es auch." Erstaunlich, ob Kritiker oder Sympathisant, sie sind dem gleichen Missverständnis erlegen. Ich nenne es einmal recht wertfrei das ‚sprachliche' Missverständnis. Was ist gemeint?

Ich sagte es schon: Glaube wird mit Vermutung gleich gesetzt. Und die taugt natürlich nicht besonders viel! ‚Wissen' ist für uns Menschen nach der Aufklärung das Entscheidene. Darauf beruht unser Fortschritt, unsere Technik, unser dauerhaftes Weiterkommen. Die Evolution, die rationale Vernunft, die Naturwissenschaften – wir alle sind Kinder unserer Zeit. Wir leben nicht mehr im antiken Weltbild und auch nicht mehr als Kleinviehnomaden einer Stammeskultur. Also erklären wir ‚Wissen' zum Maß aller Dinge. Beweise sind gefragt, begründete, logische, rationale Belegführung. So und nicht anders erklären wir die Welt und begründen unser Handeln. Wirklich?
Es stimmt natürlich: Wissen ist wichtig und in vielen Bereichen notwendig. Allerdings ist es nur eine Weise des Herangehens. Ich habe es zu Beginn dieses Kapitels schon beschrieben: Wenn man mitmenschliche Beziehungen und alltägliches Leben gestalten

möchte, dann ist eine andere Fähigkeit gefordert: Vertrauen, Glauben.

Wer somit Wissen und Glauben ins Gegenüber stellt, hat sich sprachlich vergaloppiert. Glauben ist nicht das Gegenüber von Wissen und schon gar nicht ‚weniger'. Glaube ist nur anders und erreicht andere Ergebnisse. Manchmal ist nur der Glaube wichtig – und solcher Glaube ist alles andere als ‚Vermuten'. Er wird getragen von einer tiefen Gewissheit, wie sie kein Beweis und keine Logik bewirken können. Die Gleichsetzung von Glaube und Vermuten ist also ein sprachlicher Irrweg, dem wir nicht folgen sollten.

„Christ ist, wer ein höheres Wesen anerkennt."
(Das religiöse Missverständnis)

Dieses Mißverständnis ist weit verbreitet. Der Glaube an Gott, an ein höheres Wesen, an eine Schicksalsmacht, an das Absolute ... immer wieder wird solcher Glaube mit Christ sein gleich gesetzt. „Hauptsache, ich glaube, daß da oben noch was ist ..."
Jedem, der sich auch nur etwas mit dem christlichen Glauben beschäftigt hat (und dabei natürlich an die Bibel geraten ist), wird sofort klar, dass der Gott der Christen eben nicht namen- und geschichtslos geblieben ist. Er trohnt eben nicht weltabgewandt über den Wolken, sondern kommt durch Jesus in die Geschichte hinein und gibt sich einen Namen. Offenbarung nennen die Theologen das. Christlicher Glaube ist an Gottes Offenbarung, an Jesus Christus gebunden und nicht allgemeiner Gottesglaube.
Im Übrigen: Wie ungerecht jenen Menschen gegenüber, die sich selbst z.B. als Moslems oder Hindus verstehen. Niemand hat doch das Recht, sie einfach als ‚Christen' zu vereinnahmen nur weil sie an Gott glauben!

„Christ ist, wer sich dafür hält."
(Das individualistische Missverständnis)

Das paßt bestens ins Lebensgefühl unserer Zeit und ist überaus weit verbreitet. Jeder entscheidet für sich selbst, jeder „wird selig nach seiner Facon". Das hat schon der alte Preußenkönig Friedrich der Große gemeint. Glaube ist Privatsache. Darüber entscheidet jeder selbst. Das muss jeder und jede selbst wissen.

Ein Hauch von Freiheit umgibt diese Auffassung. Endlich Schluss mit Glaubensdiktaten und Bevormundung durch die Kirche.

Richtig daran ist, daß natürlich jeder die Freiheit behält, sich dem christlichen Glauben zu öffnen oder nicht. Aber was der christliche Glaube selbst ist, wird damit doch nicht in die Beliebigkeit des Einzelnen gestellt! Stellen Sie sich vor, jemand behauptet, er sei Marxist (also contra Privateigentum), aber er hat eine eigene Schokoladenfabrik und fährt einen rosaroten Porsche. Oder jemand sagt, er sei überzeugter Buddhist (also bereit zum Fasten), aber er zieht von einem Saufgelage zum anderen. Das paßt doch nicht zusammen! Nein, es gibt Schriften von Karl Marx, die legen fest, worum es im Marxismus geht und es gibt Schriften, die legen fest, was jemanden zum Buddhisten macht.

Worum es beim christlichen Glauben geht, wird in der Bibel definiert. Mein Christsein muß und kann ich nicht selbst festlegen, sondern ich muss es an den Worten und dem Inhalt der Bibel prüfen.

„Christ ist, wer immer auf der Suche bleibt"
(Das philosophische Missverständnis)

So argumentieren gerne Leute, die sich nicht festlegen möchten. Unter dem Motto „Der Weg ist das Ziel" geht es ihnen nicht ums Finden, sondern ums Suchen religiöser Erfahrungen und Antworten. Lessings berühmte  Ringparabel aus ,Nathan der Weise' ist ihre Standardlektüre. Letztlich führen doch alle Wege zu Gott, alle Religionen zum gleichen Ziel. Und Christ ist eben, wer tolerant und weitherzig mitsucht.

Tatsächlich fasziniert dieses Denken und es gibt nichts Schlimmeres als jene, die alles schon ,gefunden' haben: Die richtige Antwort auf jede Frage, die richtige Frömmigkeit, die richtige Wahrheit ...

Solche Leute können leicht zu Fanatikern werden und alle lohnenden Weg-Erfahrungen zerstören.

,Finden' gehört durchaus zum Christsein, aber anders als wenn ich mein Schlüsselbund verliere und dann wiederfinde. Einmal wiedergefunden kann ich es am Gürtel festbinden und in die Hosentasche stecken, damit ich es nicht noch einmal verliere. Dann habe ich es sicher. Doch so ist das eben nicht mit dem Glauben. Gott kann ich nicht festbinden und ‚in der Tasche haben'. Suchen und Finden gehören für Christen zusammen.

Ich denke an das ‚Finden' von Beziehungen zu Menschen. Gut, wenn Sie einen Partner oder eine Partnerin finden und so Ihre große Liebe! Dann wird Ihnen klar: Ich muß nicht mehr weitersuchen, ich habe sie oder ihn gefunden.

Ich übertrage das einmal auf Gott: Ich habe ihn damals mit 19 Jahren gefunden - oder er mich. Und jetzt muss ich nicht mehr herumrennen und wie eine Biene von Blüte zu Blüte schwirren. Ich habe mich für Gott entschieden (das wünsche ich jedem anderen auch), aber damit habe ich ihn nicht ‚in der Tasche' wie einen Schlüsselbund.

Es ist vielmehr wie in einer Beziehung: Wir haben uns gefunden, das steht fest. Und trotzdem suchen wir uns immer neu, um einander zu entdecken und wieder nahe zu kommen.

Dieses Finden, diese Gottesbeziehung wünsche ich denen, die heute noch von ‚Göttchen zu Göttchen' hüpfen oder sogar eine Philosophie daraus machen, immer auf der Suche zu sein.

Wer Christ ist, der sucht die Nähe Gottes, aber er ist sich gleichzeitig gewiß, daß Gott ihn längst gefunden hat.

„Christ ist, wer Gutes tut!"
(Das moralische Mißverständnis)

Als ich meinem Vater zaghaft erzählte, daß ich an Jesus glaube, da gab er mir einen guten Rat: „Geh in den Garten und grab´ um!" Ich fragte: „Wieso?" Er antwortete: "Wer gute Werke tut, ist Christ -  oder?" Vielleicht meinte er das im Scherz. Aber dieses Verständnis ist mir seitdem sehr oft begegnet: Wer seinen Nächsten liebt, wer für den Frieden eintritt, wer sich sozial engagiert, wer viel spendet und opfert ... der ist Christ. Bei den Pfadfindern hatten wir auch eine solche Ideologie: „Jeden Tag eine gute Tat". Klarer Fall! Mein Freund erzählte mir, er habe immer Omas über die Straße geführt, auch wenn die gar nicht wollten. Hauptsache, gute Taten!

Besonders die Kritiker des Glaubens kommen gern mit diesem moralischen Verständnis vom Christsein: „Ihr tut so wenig! Ja, wenn Ihr Christen Euch mehr für... einsetzen würdet, dann könnte man euch ernster nehmen! Mahatma Ghandi war ein viel besserer Christ, als die meisten Kirchgänger!" Ich denke, Sie kennen ähnliche Parolen.

Diese Ansicht ist uralt. Schon das Alte Testament und die Gebote wurden so missverstanden: als ob uns unser Tun und unser Handeln zu Kindern Gottes machen würde. Wenn wir nur alles tun, was in der Bibel steht, dann sind wir richtig ‚fromm'.

Sie sollten kritisch bleiben. Ein Christ übt (!) sich in Nächstenliebe und guten Taten. Aber nicht umgekehrt, wer Gutes tut, der ist Christ. Solche Umkehrungen sind nicht nur dumm, sie sind auch falsch und gefährlich. Man kann zwar sagen: „Ein Pferd ist ein Tier mit vier Beinen". Man kann und sollte den Satz jedoch nicht einfach umdrehen: „Ein Tier mit vier Beinen ist ein Pferd". Wenn man dann auf dem Zwergkaninchen oder einem Tiger zu Reiten beginnt, wird es nicht nur lustig, sondern auch gefährlich.

„Christ ist, wer zur Kirche gehört."
(Das kultische Missverständnis)

Dieses Missverständnis sitzt ziemlich tief. Kirchenleute stützen es wahrscheinlich unbewußt, um ihre ‚Schäfchen' zusammenzuhalten. Immer wieder wird Christsein und Kirche gleich gesetzt. „Ich gehe doch zur Kirche, wenn auch nur ab und zu!" „Ich gehöre doch zur Kantorei. Ich arbeite sogar mit." „Ich habe mich doch konfirmieren lassen." „Wir haben uns doch kirchlich trauen lassen ... niemand soll mein Christsein in Frage stellen!" So argumentieren kirchliche ‚Insider', genauso aber auch Gegner des christlichen Glaubens: „Christsein - nee, seht euch doch die Kirche an! Zu reich, zu uneins, zu angepasst ..." Auch dies ist eine alte Kritik. Sie macht den Glauben an der Kirchenzugehörigkeit oder an der Teilnahme am religiösen Leben fest. Als ob man dort untrüglich ablesen könnte, ob jemand zu Gott gehört oder nicht. Jemand betet viel, liest viel Bibel, geht zur Kirche, macht den Kultus mit ... Aber ist er deshalb automatisch Christ?

Natürlich ist da auch etwas dran: Wer Christ ist, sucht die Gemeinschaft mit anderen Christen und will seine Sehnsucht nach Gott irgendwie ausdrücken, also beten und die Bibel lesen. Aber auch hier sollte man das Pferd und nicht Kaninchen oder Tiger als Reittier nutzen. Nicht meine Kirchlichkeit und auch nicht meine Geburt im ‚christlichen Abendland' macht mich zum Christen. Wenn ich zufällig in einer Garage geboren wäre, wäre ich ja deshalb auch nicht automatisch ein Auto!

„Christ ist, wer glaubt, was die Kirche lehrt."
(Das ideologische Missverständnis)

Da gesteht mir ein junger Mann: „Ich kann nicht mehr glauben!" „Warum nicht?", frage ich ihn. Er antwortet: „Das mit der Jungfrauengeburt, Petrus auf dem Wasser, die Schaffung der Erde an sechs Tagen - das alles halte ich nicht für wahr!"

Für ihn geht es beim Glauben also um das Für-wahr-halten von christlichen Lehrsätzen, von kirchlichen Dogmen. Da kann er nicht mitmachen. „Ich glaube nicht alles, was in der Bibel steht", sagt eine Studentin. „Deshalb bin ich kein richtiger Christ. Der Pastor dagegen ist einer - der glaubt ja schließlich alles!"

Wieder dieses Missverständnis. So wundert es mich nicht, wenn für manche Theologiestudenten nach den ersten drei Semestern ihr gesamtes Weltbild durcheinander gerät, weil die Bibel im Studium kritisch befragt wird. Sie hatten sich ein christliches Weltbild zusammengemauert und sich darin eingerichtet, nun wird ihnen Stein um Stein herausgezogen und alles bricht zusammen.

Richtig, die Bibel ist Maßstab, Grundlage und Orientierung meines Glaubens. Doch ich muss meinen Verstand nicht an der Gardarobe abgeben und alles „für wahr halten", was ich dort lese. Nach vielen Jahren Christsein kann ich zwar die meisten der wundersamen Erzählungen und Berichte nachvollziehen und halte vieles für möglich, was ich früher massiv bezweifelt habe. Schließlich habe ich ja selbst viele großartige Dinge mit Gott erlebt. Doch nicht davon, dass ich alles „für wahr halte", hängt mein Glaube ab. Genau genommen glaube ich nicht an die Bibel. Ich glaube nicht an ein Buch oder eine Lehre. Ich glaube an jene Person, von der die Bibel ständig redet, an Jesus Christus. Mein Glaube lebt von einer lebendigen Beziehung und nicht vom Nachplappern von Begriffen, Redensarten oder Lehrsätzen. An Jesus glauben und ihm vertrauen und gleichzeitig (auch kritisch) nach Inhalt und Gültigkeit überlieferter Bibeltexte und christlichen Interpretationen fragen, gehört zusammen.

Der mühsame Weg nach oben

Genug von den Missverständnissen. „Wer immer strebend sich bemüht, den können wir erlösen" Nach dieser Melodie spielen uns solche Missverständnisse zum Christsein auf: Wer sich selbst verwirklicht, wer fest an irgendetwas glaubt, wer fleißig sucht, wer Gutes tut und Opfer bringt, wer zur Kirche geht, wer die Lehre für wahr hält. Immer geht es darum, ein vermeintlich christliches Soll zu erfüllen. Genau besehen wird immer der Versuch beschrieben, sein „Christsein" und seinen ‚Glauben' selbst zu erarbeiten. Wie viele Schweißtropfen werden auf dieser religiösen Leiter wohl vergossen?! Wie viele junge und alte Menschen scheitern wohl auf diesem Weg nach oben?!

Natürlich, es scheint auch Sieger zu geben, Leute, die bejubelt werden. Besonders gut, besonders fromm, besonders kirchlich und den anderen ein christliches Vorbild. Wenn man dann oben steht, kann man sich selbst auf die Schulter klopfen: „Du warst wieder richtig gut! Hast gebetet, geholfen, theologischen Durchblick

bewiesen, die Bibel gelesen. Dein Glaube ist dir gut gelungen! Ganz anders als denen da unten. Diese schlaffen Christen, ‚Karteileichen', halbe Heiden ...!" Ich hoffe, Sie merken, dass so eine christliche Kraxelleiter sofort „Christen" erster und zweiter Klasse produziert. Bei den einen bewirkt sie Arroganz und Überheblichkeit, bei den anderen ein tiefes Minderwertigkeitsgefühl. „Ich schaffe es nicht ...", gesteht mir eine Kirchenvorsteherin müde und resigniert. „Ich zerbreche an den christlichen Forderungen in meiner Gemeinde. Ich bin ein schlechter Christ, wenn überhaupt."

Doch nun wirklich genug der Missverständnisse! Mit dem christlichem Glauben haben sie nichts zu tun. Nichts! Auch halbe Wahrheiten sind ganze und besonders gefährliche Lügen.

Selbstgemachtes Christsein muss scheitern. Es mag da beeindruckende religiöse Leistungen geben. Manches sieht auch reichlich skurril aus. Aber wir Menschen sind nicht in der Lage, die ‚Mauer' zwischen uns und Gott zu überwinden. „Wer immer strebend sich bemüht, den können wir erlösen."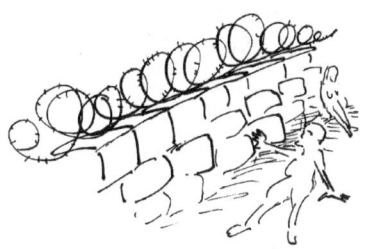

Wissen sie, wo das steht? Nicht in der Bibel! Das ist Goethe, ‚Faust 2. Teil', deutscher Idealismus. Mit dem Evangelium hat das nichts zu tun. Es ist vielmehr das Kennzeichen aller religiösen Anstrengungen, Gemeinschaft mit Gott zu erarbeiten oder in den Himmel zu kommen. Was zurückbleibt, ist nichts als der bittere Geschmack der Niederlage oder die ängstliche Hoffnung: „Hoffentlich reicht es am Ende ..."

Vertrauen und Liebe zu Gott, die Gewißheit, zu ihm zu gehören, christlicher Glaube wird auf diese Weise nicht entdeckt.

2. Christlicher Glaube - Gottes Weg zu mir

Gott kommt zu mir und uns. Gerade dies ist das Geheimnis, dem wir in der Person Jesu begegnet sind. Da wird Weihnachten ein Kind geboren und Kreuz und Auferstehung Jesu vollenden, was in Bethlehem begann. Der Weg zu Gott ist frei. Jesus selbst ist der Weg. Er ist nicht ein Wegweiser,

der lediglich zeigt, wo es lang geht, mich dann aber doch wieder auf die Kraxelleiter stellt. Er ist auch keine Hilfskonstruktion, die ich zur Unterstützung beim Überwinden der Mauer, der Trennung von Gott einsetzen kann. Jesus selbst ist der Weg.

Da mühen sich Menschen seiner Zeit ab. Jesus: „Ich bin der Weg!" Da kommt ein reicher junger Mann zu Jesus: „Ich habe alles getan, was im Gesetz steht. Was fehlt mir noch?" Und Jesus antwortet: „Ich fehle dir!"

Da macht Ihnen die Kirche Mühe. Sie verstehen so vieles nicht. Es klappt nicht mit dem Beten und dem Bibellesen und schon gar nicht mit Ihrer Anständigkeit. Was Ihnen zum Christsein fehlt? Jesus. Alles andere brauchen Sie dazu nicht!

Je deutlicher ich das sage und je ausschließlicher ich das wahrnehme, desto klarer wird, was Glaube und Christsein meinen.

‚Glaube', das ist nicht der Weg, den ich gehen muß, sondern der Weg, den Jesus für mich geht. „Nicht ihr habt mich erwählt", sagt Jesus, „sondern ich habe euch erwählt!" Darauf kommt es an. Deshalb bezeichnet Martin Luther den Glauben als Geschenk Gottes. Luther kämpft mit aller Kraft gegen die mächtige Kirche seiner Zeit, dagegen, dass der Glaube durch die eigenen Werke erarbeitet werden muß. Und seine Entdeckung ist nicht nur für die Fangemeinde der Lutheraner wichtig. Sie ist ‚Evangelium', die Frohe Botschaft für jeden Christen: Mein Glaube hängt an Jesus Christus, nicht an mir selbst! Mein Christsein ist nicht von mir selbst abhängig. Christus begründet es. Ich bin Christ, weil Christus mich dazu macht.

Die Kindertaufe, Symbol des Handelns Gottes.

Ich weiss, manche von Ihnen sind nicht getauft oder halten nichts von der Kindertaufe. An dieser Stelle geht es mir nun aber nicht um eine theologische Diskussion über unser Taufverständnis. Ich bin da sogar gerne bereit, unterschiedliche Positionen zu akzeptieren und halte garnicht verbissen an einer speziellen fest. Es kommt eben darauf an, aus welchem Blickwinkel und

mit welcher inhaltlichen Deutung man die Taufe belegt. Aber einen Gedanken möchte ich doch einbringen: Gerade die Kindertaufe symbolisiert das vorbehaltlose Handeln Gottes an uns. Als kleines Bany, ohne dass ich auch nur eine gute Tat getan habe, ohne fromme Leistungen, ohne irgendein eigenes Dazutun spricht Gott mir zu, dass ich sein Kind bin. Darauf ruht mein Glaube. Daran kann ich mich festhalten. Ich taufe mich eben nicht selbst. Allemal als kleines Kind war ich nicht in der Lage, mich selbst zu taufen. Ich lag in den Armen meiner Paten und Eltern und wurde getauft. Ohne eigene Leistung wurde mir das ‚Christ-Sein' zugesprochen. Und Ihnen auch.

Das ist, wie wenn ich jemandem Geld schenke, sagen wir zwanzig Euro. Es geschieht ohne Vorbedingungen. In den Seminaren probiere ich das manchmal aus. Das ist ja sonst nicht üblich, Geld geschenkt zu bekommen. Ich erinnere mich an einen Mann um die vierzig, der das Geld absolut nicht nehmen wollte. „Womöglich muss ich nachher etwas dafür tun, Ihr Auto waschen oder sowas!" argwöhnte er. Na ja, sonst kriegt man ja auch nichts geschenkt. Bei Geschenken ohne sichtbaren Anlaß werden wir misstrauisch. Es fällt uns schwer, sie anzunehmen. Aber genau darum geht es beim Glauben: Ich lasse mich von Gott beschenken. Womit? Mit seiner Zusage: „Du gehörst mir!" „Du bist mein Kind." „Du bist Christ!"

Christ ist, wer zu Christus gehört.

Ein Beispiel: Frederik ist in einem Kinderheim aufgewachsen. Eigentlich gehört er nirgendwo hin. Er leidet darunter. Da kommt eines Tages ein junges Ehepaar, das er vorher ein paarmal kurz gesehen hat. „Du gehörst jetzt zu uns!" sagen die beiden. „Wir haben dich  adoptiert!" Frederik gehört jetzt zu ihnen. Vielleicht fühlt er das nicht sofort, auch kann er sich mit seinem Verhalten nicht gleich auf die neue Familie einstellen (die Hackordnung aus dem Waisenhaus hat ihn tief geprägt). Aber er bekommt ihren Namen und kann jetzt sicher sein, wo er hingehört.

„Ich habe euch erwählt", sagt Jesus. „Deshalb gehört ihr zu mir!" Und deshalb heißen Christen ‚Christen'.

In der Bibel gibt es viele Beispiele solcher Zugehörigkeit. Paulus bezeichnet Jesus als Fundament, auf dem sein und unser Lebenshaus fest steht. Die Evangelien nennen Jesus einen Hirten, dem die Schafe gehören. Manchmal wird Jesus als Bräutigam bezeichnet und die Gemeinde als Braut. Am schönsten finde ich, dass Jesus Gott als ,Vater' bezeichnet und uns als seine ,Kinder'. Vater und Kinder gehören zusammen, auch wenn die Kinder sich ganz anders verhalten.

Zwangschristianisiert?

Wenn es nicht an meinem Verhalten liegt, ist Christsein dann so etwas wie Schicksal? Zufällig im christlichen Abendland geboren, konnte ich mich meiner Taufe ja nicht entziehen. Ich wurde zur Taufe gebracht. Und wenn ich noch so laut gebrüllt habe, der von meinen Eltern entschiedenen Taufe konnte ich mich nicht entziehen. Zwangschristianisiert? Nein!

Die Taufe ist ein Symbol für die bedingungslose Zusage Gottes: „Du gehörst zu mir! Ich schenke dir die Gemeinschaft mit mir! Ich laß dich nicht allein!"
Diese Zusage nimmt Gott nicht zurück. Mit ihr bin ich tatsächlich schicksalhaft verbunden. Sie gilt ohne ,wenn und aber'. Am Kreuz auf Golgatha hat Gott diese Zusage für alle Menschen festgeklopft. In der Taufe haben meine Eltern und Paten mich namentlich unter dieses Versprechen Gottes gestellt.
Allerdings zwingt Gott niemanden, sich auf diese Zusage auch zu verlassen. Eben nicht ,zwangschristianisiert'! Ich kann mich entscheiden, ob ich Christ sein will oder nicht. Und so wird das ,Evangelium', die ,gute Nachricht' von der Gemeinschaft mit Gott zur Herausforderung. Will ich mich auf Gottes Zusage verlassen? Will ich mein Leben darauf bauen? Oder tue ich, als wäre das alles nicht gesagt und nicht geschehen? Oder ignoriere ich Jesus, sein Sterben und Auferstehen?

Die Taufe bestätigt mir also nicht nur in mein Christsein. Sie lädt mich ein, drängt mich geradezu, dass ich mich auf Gott einlasse.

Die Taufe – eine Reise beginnt.

Der Zug ist da. Sie halten die Fahrkarte in der Hand: „Du gehörst in diesen Zug. Dein Platz ist reserviert", steht da darauf. Die Türen stehen weit offen. Bitte einsteigen! Aber wenige folgen der Einladung.

Mag sein, daß einigen Leuten der Schaffner im Talar zu unsympathisch ist. Anderen ist der Zug zu leer, und wieder andere versprechen sich vom Radfahren mehr Vergnügen und strampeln sich lieber selber ab, um ans Ziel zu kommen.

Ich kann da manches verstehen, aber es ist doch eigentlich schade. Sie haben die spannendste Reise Ihres Lebens vor sich, doch Sie steigen nicht ein. Sie heften den Fahrschein irgendwo ab, rahmen ihn ein oder haben ihn längst weggeschmissen - aber Sie benutzen ihn nicht. Das ist, als ob Sie ein dickes Bankkonto haben, aber nichts davon abheben.

Wie war das mit dem Geldgeschenk? Ich biete es wirklich umsonst an. Aber wenn es niemand nimmt, dann muss ich das Geld wieder mitnehmen. Schade.

Geben und Annehmen gehören zusammen.

So ist es auch mit dem Angebot des Glaubens und des Christseins. Der Glaube ist ganz und gar ein Geschenk Gottes. Gott macht mich zum Christen. Gleichzeitig fordert er ganz und gar meine bewußte Entscheidung. Es ist wie bei einem Weihnachtsgeschenk. Das Paket wird mir umsonst geschenkt, aber annehmen und auspacken muss ich es schon selbst!

Und ähnlich läuft es auch mit dem christlichen Glauben. Er ist freies Geschenk und aktives Handeln zugleich. Es ist damit wie mit einer Münze. Nehmen wir ein Zweieurostück zur Hand. Man sieht es jeweils nur von einer Seite, und sieht doch jeweils 100%. Ich sehe den Adler, oder ich sehe die Zahl. Beides gleichzeitig kann ich nicht sehen, und doch nehme ich jeweils ganze 2 € wahr. Und so ähnlich ist es auch mit dem Glauben. Er wird mir geschenkt zu hundert Prozent. Und ich muß ihn annehmen - ebenfalls zu hundert Prozent.

Gott stülpt sich mir nicht über. Das haben wir an Jesus ganz klar gesehen. Er läuft mir entgegen, er wirbt um mich, er lädt mich ein, aber seine Liebe zwingt sich mir nicht auf. Und deshalb gehört zum Glauben und Christsein immer auch eine klare Entscheidung für Christus.

Der Reformator Martin Luther schrieb dazu: „Damit, dass du läßt Wasser über dich gießen, hast du die Taufe noch nicht empfangen und festgehalten, daß sie dir etwas nützt. Ohne Glauben ist sie zu nichts nütze, ob sie gleich selbst ein göttlicher, überschwenglicher Schatz ist. Darum soll ein jeder die Taufe für ein tägliches Kleid halten, das er immerzu anziehen soll. Das heißt recht in die Taufe gekrochen und täglich wieder neu hervorkommen."

Immer wieder, jeden Tag sind wir eingeladen, in unsere Taufe ‚hineinzukriechen'. Aber irgendwann fängt es an, was Luther hier mit deftigen Worten beschreibt. Sie merken, daß Gott Ihnen in Jesus entgegengekommen ist. Da steht der ‚Zug des Glaubens' vor Ihnen.

Geöffnete Türen

Jesus hat die Tür zu Gott aufgemacht. Christen laden Sie ein, einzusteigen. Die Lektüre dieses Buches hinterlässt ihre Spuren. Und Sie

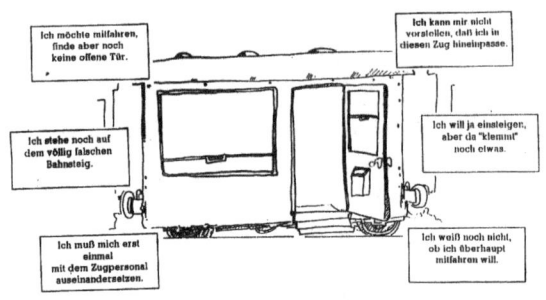

merken, wie die Sehnsucht, im Zug des Glaubens mitzufahren, in Ihnen immer stärker wird.

Gleichzeitig aber brechen Fragen auf: Wird das gut gehen? Gehöre ich wirklich in diesen Zug? Was werden meine Freunde, was meine Familie, was mein Ehepartner sagen, wenn ich mich auf Gott einlasse? Viele Vorbehalte sind noch da. Vieles spricht dafür, daß Sie einsteigen, manches auch dagegen.

Dennoch: Die Einladung zum Glauben ‚steht' und ist bei Ihnen angekommen. Die Tür ist offen und Jesus lädt Sie ein, den Zug des Glaubens zu betreten.

Und wenn ich nicht getauft bin?

Was ich den Getauften zugesprochen habe, gilt auch für jene unter Ihnen, die als Kinder nicht getauft wurden. Natürlich sind auch Sie eingeladen, den Zug des Glaubens zu betreten. Sie haben zwar keinen Taufschein, den Sie als so eine Art Fahrkarte für die Glaubensreise ansehen könnten, aber Sie bekommen eine Freifahrt. Nicht die Taufe als kirchliche Handlung, sondern das, was Jesus durch Kreuz und Auferstehung für uns getan hat, ermöglicht den Zugang zum Vater. Auch für Sie gilt Jesu Zusage: „Ich habe euch erwählt". Auch Sie sind von Herzen Gottes eingeladen, einzusteigen.

5. Kapitel: Vom Geschenk des Glaubens
Gruppengespräch / Einzelarbeit

Missverständnisse ...
Haben Sie Ihre eigenen „Missverständnisse" wiedererkannt?

Neue Impulse ...
Haben Sie etwas Neues gehört?
Wenn ja, was löst dieses Neue bei Ihnen aus?

Ihre Taufe ...
Was bedeutet Ihnen, falls Sie getauft sind, Ihre Taufe?

Schon eingestiegen ?
Wenn Sie sich die Zug-Grafik ansehen:
Wo finden Sie sich zur Zeit wieder?

3. Im Glauben beginnen

Der Zug steht da. Die Tür ist offen. Ich steige ein. Wie das geht? Ganz einfach: Ein kleiner Schritt auf das Trittbrett, ein flotter Schwung, und schon bin ich drin. Nichts von mir bleibt draußen. Ganz oder gar nicht!

Wo das geschieht? Ist doch klar, am Bahnhof. Genauer: Am Bahnsteig zwei! Wann das geschieht? Natürlich wenn mein Zug kommt: 11:32 Uhr. Und wenn er hält, wenn die Türen aufgehen und ich mich gründlich vergewissert habe, dass es der richtige Zug ist.

Ob das Einsteigen in den ‚Zug des Glaubens' auch so konkret zu beschreiben ist? Das wäre gut. Wie? Wo? Wann? Es wäre schon hilfreich, wenn das möglichst konkret würde ...

Wie?

Wie betrete ich die ‚Tür' zum Glauben? Wie steige ich in den christlichen Glauben ein und beginne die Reise mit Jesus Christus? Glaube und Vertrauen, das sind ja große Worte.

Bei solch großen Worten denke ich an eine Szene in der U-Bahn. Ich hatte Geld genug – allerdings nur einen Hunderter. Der passte nicht in den Automaten für die Tickets. Also musste ich erst wechseln, bevor ich mitfahren konnte. Versuchen wir also, die großen Worte über den Glauben zu ‚wechseln', sonst wird es schwierig mit der Reise zum Glauben.

Gott sagt „Ja" zu mir, ich antworte mit meinem „Ja" zu ihm.

Was zunächst so großartig klingt, ist eigentlich ganz simpel. Ich sage ja. Die Bibel spricht von einem ‚Bund' zwischen Gott und Mensch. Die Ehe scheint mir dafür ein guter  Vergleich zu sein. Vor dem Standesamt sagt man „Ja" und wird so mit einer Frau oder einem Mann ‚verbunden'. Das klingt leicht. Ist es auch, wenn wir uns darauf freuen und uns lieben. Wenn wir Angst voreinander haben, sollten wir es lieber lassen! Immerhin ist dieses kleine „Ja" ein Wort, das den Rest unseres Lebens betrifft.

So ist es auch beim ‚Bund mit Gott'. Wer sich darauf freut, der hat vielleicht noch ein unsicheres Gefühl in der Magengegend, ist aufgeregt und angespannt, aber sie oder er kann dieses „Ja" laut und deutlich sagen.

Denken Sie zurück an das Gleichnis vom Schatz im Acker. Wer in Jesus einen solchen Schatz entdeckt hat, der kann und will alles geben, was er hat und ist. Aber wer immer noch nichts von dem Glanz Gottes sieht, sollte es lieber lassen.

Dieses „Ja" nennen wir „Gebet".

So einfach? Ja, so einfach! Ich selbst habe mein erstes Gebet noch im Ohr. Es klang etwas hilflos und konfus, etwa so:
„Gott, wenn es Dich gibt, dann gib mir Glauben. Und Jesus, wenn das stimmt, was ich von dir gehört habe, dann möchte ich zu dir gehören. Amen."

Egal, wie dieses Ja ausgesprochen wird, ich bin sicher, daß es gilt. Dieses kleine Gebet ist das Ergreifen des Geschenkes Glaube, das Einsteigen in den Glaubenszug, der Anfang meines Christseins. Vielleicht kann das auch anders aussehen - wie auch immer, irgendwie hat es mit einem solchen Gebet zu tun und spielt sich im Wesentlichen ganz privat zwischen Gott und mir ab.

Da es Ihnen vielleicht etwas schwer fällt, ein eigenes Gebet zu formulieren, habe hier eines abgedruckt und bitte Sie, bevor Sie es beten, sich damit zu beschäftigen. Dazu können Sie es gerne abschreiben und dabei so umformulieren, wie Sie es gerne beten möchten.

Ich sage ja zu dir (Gebet)

Lieber Vater im Himmel.
Ich habe deinen Ruf an mich gehört.
Du hast mich nicht vergessen,
obwohl ich dich so oft vergaß.
Du hast ja zu mir gesagt.
Dafür danke ich dir.
Ich möchte zu dir gehören.

Herr Jesus Christus,
du hast mir ein Leben in der
Gemeinschaft mit dir geschenkt.
Dieses Geschenk möchte ich jetzt
im Glauben annehmen.
Auf dein Ja zu mir antworte ich jetzt
mit meinem Ja zu dir.
Und ich danke dir, daß du in mein Leben gekommen bist.
Danke, daß wir nun für immer zusammen gehören.

Dir, Heiliger Geist, vertraue ich mich an.
Stärke und erhalte meinen Glauben.
Und gestalte mein Leben so, daß es für dich zur Freude
und den Menschen zur Hilfe wird.

Amen.

Wo ?

Wo kann ich ein solches Gebet sprechen und mich Gott anvertrauen? Natürlich überall. Ein Bekannter von mir saß in einer Gesprächspause lange auf der Toilette. Dann kam er wieder und verkündete freudestrahlend: „Ich habe eben das erste Mal gebetet." Ein idealer Ort scheint mir das nicht zu sein, aber immerhin, Gott hat auch dieses Klo-Gebet erhört. Besser ist es natürlich, Orte aufzusuchen, wo ein solches Gebet seinen angemessenen Platz bekommt. In unserer Kirche gibt es solche Orte, z.B. der Gottesdienst.

Im Gottesdienst

Das Bild zeigt eine Segnung, wie sie z.B. bei einer Konfirmation durchgeführt wird. So war sie ja eigentlich einmal gemeint, Ihre Konfirmation: Sie sagen „Ja" zu Gott und bekennen dieses Ja vor der Gemeinde. Das lateinische Wort „confirmare" meint „befestigen, fest machen". Damit bekommt das in der Taufe zugesagte Geschenk der Gemeinschaft mit Gott für mich seine richtige Bedeutung. Ich mache mein Leben bei Gott fest.
Leider wird die Konfirmation ja von vielen ganz anders verstanden: Ernesto darf jetzt Schnaps trinken, Jana bis zehn Uhr ausgehen und

alle dürfen, sobald sie etwas verdienen, Kirchensteuern bezahlen. Von wegen, gemeint ist mein bewusstes und öffentliches Ja zu Gott. Konfirmiert oder nicht - wenn dieser Kurs als Seminar mit einer Gruppe durchgeführt wird, geben wir im Abschlußgottesdienst zu diesem Ja Gelegenheit. Es gibt dort dann eine Zeit, in der Sie zusammen mit Mitarbeitern oder Mitarbeiterinnen beten können.

Ich lasse mich segnen.

Ihnen werden die Hände aufgelegt. Das ist keine geheime Kulthandlung. Damit ist nicht gemeint, daß die Segnenden eine mysteriöse Kraft besitzen, die sie Ihnen unter Handauflegung weitergeben. Nein, das wäre Magie, Aberglaube, also eine Methode, um über Gott zu verfügen. Die Handauflegung dagegen ist ein Symbol für den Segen, der Ihnen ganz persönlich gilt. Die Zusage Gottes wird Ihnen „auf den Kopf zugesagt" und so sicher Sie die Hände auf Ihrem Kopf spüren, so sicher hält Gott dieses Versprechen.

Wenn Sie diesen Kurs nicht im Rahmen eines Seminars erleben, sondern das Buch für sich ganz persönlich lesen, dann ist jetzt der Zeitpunkt gekommen, wo Sie Kontakt mit Christen aufnehmen sollten. Schon der Schritt in eine Gemeinde kann für Sie zum Bekenntnis Ihres jungen Glaubens werden. Es ist dann nicht lebens- und glaubenswichtig, dass Sie eine solche ‚Segnung' im Gottesdienst erleben. Manche Gemeinden bieten solche Symbolhandlungen außerhalb der offiziellen Anlässe wie z.B. die Konfirmation auch nicht an. Wichtig ist, daß Sie vor anderen Ihren Glauben bekennen und sich zusprechen lassen: „Du gehörst zu Christus!" Diesen Zuspruch kann Ihnen auch ein anderer Christ im Gespräch unter vier Augen geben.

Ich lasse mich taufen.

Wer als Kind getauft ist, hat jetzt seinen ‚Freifahrtschein' eingelöst. Wer jedoch bisher nicht getauft ist, kann und sollte das jetzt nachholen und sich taufen zu lassen. So werden bei Ihnen Taufe und Konfirmation zu einem einzigen Ereignis. Und es wäre mit Sicherheit für Sie und die Gemeinde ein ganz tolles und wichtiges Erlebnis durch das Sie sich ganz öffentlich zum Glauben bekennen. Wie das praktisch und konkret gehen kann mit der Taufe, das erfahren Sie vom Pastor oder im Büro der Kirchengemeinde.

Wann?

Wann kann ich dieses Gebet sprechen? Natürlich jederzeit - aber Vorsicht! Die Zeit muss auch reif dafür sein.
Jesus begegnet einmal einem frommen Gottsucher. Nikodemus heißt der. Diesem Nikodemus sagt Jesus: „Du mußt von neuem geboren werden, sonst kannst du mit Gott keine Gemeinschaft haben." (Johannes 3,3) Ein merkwürdiges Wort. Das Christwerden vergleicht Jesus mit einer Geburt.

Ich will versuchen, diesen Gedanken mit Blick auf den Glauben zu entfalten. Eine Geburt ist das Ergebnis eines Prozesses, einer bewegten und oft langen Geschichte.

Zeugung

Irgendwann kommt der ‚Same des Wortes Gottes' in Ihr Leben hinein. Das ist in unserem Kulturkreis manchmal sehr früh. Die Mutter betet am Bett eines Kindes. Jemand hört im Kindergottesdienst oder der Jungschar Jesusgeschichten... Immer häufiger werden Leute aber erst viel später mit dem Evangelium erreicht, als Jugendliche oder sogar erst im Erwachsenenalter. Irgendein Christ spricht Sie an, oder Sie lesen Texte wie in diesem Buch. Manchmal merkt man noch gar nichts. Doch ich bin überzeugt, Gott hat schon seine Geschichte mit Ihnen. Er bringt den Glauben in Gang, niemand sonst!

Schwangerschaft

Bis ein Menschenkind geboren wird, dauert es etwa neun Monate. Beim Kaninchen geht es schneller, beim Elefanten dauert es wesentlich länger. Auch die ‚Schwangerschaft' des Glaubens dauert unterschiedlich lang. Aber immer braucht sie ihre Zeit. Das Wort Gottes muß wirken und wachsen. Seltsam geht es dabei manchmal zu. So wie manche Frauen während der Schwangerschaft plötzlich Appetit auf Würstchen mit Gurken bekommen, so ändern sich auch die Gewohnheiten jener, wo Gott Glauben wachsen läßt. Sie bekommen Interesse am Gottesdienst oder am Gesprächskreis und gehen regelmäßig hin. Sie hören der Predigt aufmerksam zu. Sie singen christliche Lieder und wenn man Ihnen vor Monaten prophezeit hätte, dass Sie dieses Buch mit Interesse lesen, hätten Sie vielleicht nur mit dem Kopf geschüttelt.

Abbruch

Auch das ist möglich. Sie können das Nachdenken und die Fragen über Gott abtreiben und abbrechen. Sie können gegen den Glauben ankämpfen und bleiben dabei Sieger, weil Gott sich Ihnen nicht aufzwingt. Vielleicht haben Sie den jungen Glauben schon ein- oder zweimal abgetrieben und tragen dies als schmerzhafte Erinnerung mit sich herum. Aber keine Angst: Gott gibt nicht auf! Er will mit Ihnen immer wieder neu beginnen.

Einleitung

Manchmal ist ein Kind längst fällig. Nach zehn Monaten wird es kritisch. Dann muss die Geburt eingeleitet werden. Vorsicht, nur wenn die Zeit reif ist, ist eine Einleitung hilfreich. Im sechsten Monat könnte sie ein Kind töten. Dieser Kurs z.B. kann die Geburt des Glaubens einleiten, wenn die Zeit dazu reif ist. Vielleicht ist sie bei Ihnen längst überreif. Sie singen schon lange im Gospelchor mit. Sie fahren auf christliche Freizeiten und besuchen kirchliche Seminare. Sie haben alles verstanden und deutlich gehört, daß Gott an Ihre Tür klopft.

Aber Sie wehren sich immer noch dagegen. Sie haben Angst vor dem Schritt in den Glaubenszug, trauen sich nicht, öffentlich Ja zu Gott zu sagen. Und da hilft es Ihnen vielleicht, wenn Sie jemand anspricht. „Mach doch endlich klare Sache mit Gott!" So etwas kann helfen, aber nur, wenn alles wirklich gut gereift ist. Wenn Sie denken, daß Sie noch Zeit brauchen, sollten Sie sich von niemandem unter Druck setzen lassen.

Geburt

Woran merkt man, daß der Glaube ‚geboren' ist? Ein Freund erzählte einmal, sein Sohn habe unmittelbar nach der Geburt nicht nur geschrien, sondern auch seiner Mutter auf den Bauch gepinkelt. Brrr – aber wer lebt, hat nun mal Bedürfnisse. Ein Neugeborenes schreit. Warum? Weil es Hunger hat, oder weil es irgendwo drückt und es anders liegen möchte ...

Verstehen Sie den Vergleich? Ihr Glaube lebt, wenn Sie Bedürfnisse haben. Sie wollen mehr von Gott wissen, möchten mit Christen zusammensein und beten, wollen Gott intensiver erleben, möchten darüber reden, möchten sich für andere einsetzen und ihnen in Wort und Tat von der Liebe Gottes weitergeben? Das alles sind Bedürfnisse, die zeigen, daß jemand geistlich ‚neugeboren' ist.

Was meinen Sie? Ob Ihr Glaube schon ‚geboren' ist? Ich finde das Bild von der Geburt deshalb so schön, weil es nicht eine punktuelle, dramatische ‚Bekehrung' betont, sondern einen Prozeß und einen Weg des Glaubens. Außerdem wird daran deutlich: Gott schenkt Ihnen den Glauben und lässt ihn wachsen. Nicht Sie können das bewirken. Nicht Nikodemus oder Helge oder Jacky oder wie immer man heißt, macht sich zum Christen. Gott macht mich und Sie dazu.

 **5. Kapitel: Vom Geschenk des Glaubens**
Gruppengespräch / Einzelarbeit

Ich sage "Ja" zu Dir - Gebet
Sie lesen das Gebet und überlegen, ob Sie so etwas beten können. Die Passagen, die Sie nicht verstehen oder nicht für sich füllen können, streichen Sie einfach (mit Bleistift) durch.
Sie reden mit anderen über offene Fragen. Wenn Sie dann möchten, dann beten Sie das Gebet zusammen mit anderen oder allein. (... oder im Abschlußgottesdienst)

Ihre Taufe, Ihre Konfirmation ...
Was hat Ihnen Ihre Taufe, was Ihre Konfirmation damals bedeutet? Was bedeuten sie Ihnen heute? Wissen Sie noch Ihren Tauf- oder Ihren Konfirmationsspruch?

Von Neuem geboren?
In welcher Phase zwischen "Zeugung und Geburt" befinden Sie sich im Moment ?

„Wer's glaubt, wird selig!"

So hatten wir unser Kapitel überschrieben. Ich hoffe, spätestens nun ist die Ironie dieses Spruches überwunden. Glauben und Christsein genau betrachtet, erweist er sich tatsächlich als zutreffend. „Selig" wird ja oft mit „glücklich" umschrieben. Auch das mag immer wieder stimmen: Der Glaube macht glücklich. Aber in der Bibel geht der Begriff weit über ein glückliches Empfinden hinaus. Er markiert vielmehr eine neue Wirklichkeit. „Heil" und „Erfüllung" treffen genauer, worum es geht.

Wer glaubt, dessen Leben erfüllt sich. Wer glaubt, hat Anschluss an Christus, der den Tod besiegt hat. Wer glaubt, der steht auf festem Fundament. Wer glaubt, wird heil, kann wieder vertrauen und Gott begegnen.

5. Kapitel: Vom Geschenk des Glaubens

„Den Geist nicht aufgeben".
Im Alltag glauben.

6. Kapitel

Die Anzeige hat es mir angetan. Einen echten „Oldie", davon träume ich seit Jahren. Und dieser hier ist alltagstauglich. Er fährt nicht nur an Sonn- und Feiertagen oder wenn die Sonne scheint. Tag für Tag, bei Wind und Wetter, auf ihn ist Verlass. So ein Auto wollte ich schon immer.

So einen Glauben wollte ich schon immer. Nicht einen Glauben, der nur an Sonn- und Feiertagen trägt und am Montag geht die Luft raus, da versagt der Motor, da zündet nichts mehr, da kommt der Kraftstoff nicht durch ... Nein!
Wenn christlicher Glaube, dann will ich mich Tag für Tag seiner Kraft anvertrauen können. Dann soll er mich nicht nur in Hoch-Zeiten in Stimmung bringen, sondern gerade die Normal-Zeiten kraftvoll gestalten. Was den Glauben ‚alltagstauglich' macht, darum geht es in diesem Kapitel.

Wenn Sie bis hierhin mitgegangen sind, haben Sie schon allerhand mit sich selbst und mit Gott erlebt. Es ist nur natürlich, dass die Entdeckung des Glaubens und erste Schritte darin zu richtigen Glanzlichtern im Leben werden. Ich erinnere mich noch an jene Wochenendfreizeit, bei der ich mich erstmals auf den Glauben eingelassen habe. Damals war ich vor Freude richtig ‚high' und habe mich riesig über diese neuen Erfahrungen gefreut. Es ist schön, wenn es Ihnen ähnlich geht. Aber ich kann mir denken, dass Ihnen auch etwas mulmig zumute ist. Werde ich den Glauben durchhalten? Mein Glaubensweg hat ja erst begonnen. Aber wie geht es weiter?

Oft genug sind mir Leute begegnet, die sich fröhlich auf den Glauben eingelassen haben, doch irgendwann waren sie ausgebrannt und leer. Und dann haben sie sich vom Glauben und von der Kirche abgewandt und all das spielte keine Rolle mehr.
Wie also geht es weiter mit meinem Glauben? Wie bleibe ich Christ?

Die Kraft Gottes, der heilige Geist

Wie kleine Kinder, so müssen auch wir Christen ‚laufen lernen' und im Glauben wachsen. Die Frage ist nur: Wie geht das? Muss ich mich jetzt anstrengen, mich abrackern und ein superfrommes Leben führen? Dann würde all das Befreiende der ersten Kapitel kaputt gehen und mein Glaube dazu. Dann stünde ich wieder auf der Kraxelleiter. Nein.

Als Christ lebe ich von derselben Kraft, die mich auch zum Christen gemacht hat. Der Vater führt mich. Seine Kraft ist in mir und sorgt für mein Wachstum. Seine Kraft sorgt nicht nur dafür, dass ich Christ werde, sondern auch dafür, dass ich Christ bleibe. Diese Kraft Gottes nennt die Bibel ‚Heiliger Geist'.
Die Redewendung „Er gibt den Geist auf" bedeutet nichts anderes als Sterben. Bezogen auf unser jetziges Thema bedeutet das: Wer den Geist Gottes aufgibt, stirbt geistlich. Wer im Glauben lebendig bleiben will, wird sich dem Heiligen Geist anvertrauen und „den Geist nicht aufgeben". Er ist die Kraft, aus der wir Christen leben.

‚Heiliger Geist', das ist ein komischer Begriff, damit können viele kaum etwas anfangen. Bei den Pfadfindern haben wir uns nachts den „Heiligen Geist" gegeben: Wir haben die Schlafenden mit Schuhcreme eingeschmiert. Ein Professor soll einmal gesagt haben: „Der Heilige Geist ist für mich ein gasförmiges Wirbeltier." Also etwas, was es nicht geben kann.

Tatsächlich, es ist schwer, den ‚Heiligen Geist' zu definieren.
Das Neue Testament setzt uns dazu vor allem auf zwei Fährten.

Der Geist Gottes in mir.

Der Heilige Geist in mir, das ist natürlich nicht organisch gemeint, wie auf folgender Karrikatur. Den Geist Gottes kann man nicht sehen, messen und analysieren. Trotzdem ist er da. Ohne ihn wäre Glaube nicht möglich. Er ist wie der Motor beim Auto, ohne den nichts mehr liefe. Er ist nicht nette Zugabe wie Zierleiste oder Spoiler, sondern er ist lebenswichtig für uns Christen.

„Ihr in mir - und ich in euch", so beschreibt Jesus uns Christen (Joh.15,5). Und Paulus spricht davon, dass wir ein „Tempel des Heiligen Geistes" sind (1.Kor.6,19). Der Heilige Geist ‚wohnt' sozusagen in uns. Die Kraft Gottes ist da. Der Motor läuft. Der Auferstandene lebt in uns und garantiert so, dass er uns nie verlässt. „Und wenn du besoffen in der Gosse liegst, Christus ist in dir", sagte mir einmal ein Freund. Und wenn Sie sich mies fühlen und von Zweifeln zerrissen werden: Christus lässt Sie nicht im Stich. Das meinen wir, wenn wir ‚Heiliger Geist' sagen.

Den Heiligen Geist hat nicht nur jemand, der auf besondere Weise beten kann oder von speziellen ‚Geisterlebnisse' berichten kann. Lassen Sie sich von solcher Irrlehre nicht irritieren. Nein, jeder Christ hat den Heiligen Geist. Ohne die Kraft des auferstandenen Christus, ohne den Heiligen Geist, ist Glaube nicht möglich.

Die Kraft Gottes, der ich mich aussetze.

Dies ist die zweite Beschreibung der Bibel. Die Kraft Gottes lebt nicht nur in mir, sie kommt auch ‚von außen' auf mich zu. Jesus vergleicht den Heiligen Geist deshalb mit dem Wind. Er bläst, man spürt ihn, man setzt sich ihm aus, aber man kann nicht über ihn verfügen. (Joh.3,8)

Sind Sie schon einmal gesegelt? Ich habe einige Segelfreizeiten in Holland mitgemacht. Das war toll. Besonders schön fand ich eine Szene vor dem Hafen der Insel Terschelling. Damals glitten wir unter vollen Segeln auf die Insel zu. Wir lagen an Deck in der Sonne.

Herrlich! Da kam uns ein Ruderboot entgegen. Die armen Kerle! Unter dem Kommando ihres Steuermanns mussten sie sich gegen den Wind abquälen. Der Schweiß lief in Strömen. Wie gut, dass uns eine andere Kraft antrieb, als unsere eigene.

So ähnlich ist es auch mit dem Glauben. Die Kraft Gottes bringt uns voran. Da müssen wir uns nicht in die Ruder legen und abrackern. Nein, nur die ‚Segel' setzen und Gottes Kraft gebrauchen, darin besteht die ‚Kunst' des Glaubens.

Doch was ist, wenn der Wind nicht weht? Wenn die große Flaute kommt? Es ist erstaunlich, wie wenig Wind ausreicht, um ein großes Segelboot zu bewegen. Dann geht es natürlich nicht schnell voran, dann brauchen wir Geduld, aber schon ein kleines Lüftchen bringt uns weiter. Ich glaube und kann das aus über 30 Jahren Christsein bezeugen, dass der ‚Wind' des Heiligen Geistes nie ganz einschläft. Die Kraft Gottes ist immer groß genug, um uns voranzubringen. Es ist die Kraft Gottes in mir und die Kraft Gottes, die auf mich zukommt. Toll! Wer glaubt, muss sich nicht aus eigener ‚Ruderkraft' fortbewegen, sondern kann sein ‚Segel' in den Wind Gottes setzen. Dabei allerdings bin ich wieder ganz und gar beteiligt.

Wie schon auf dem Weg zum Glauben, so bin ich auch auf dem Weg im Glauben aktiv dabei.

In den folgenden Abschnitten beschreibe ich deshalb, wie das ‚Segel-Setzen' im Glaubensleben aussieht. Ganz wichtig ist dabei, dass nicht mein und unser Handeln den Glauben wachsen lässt, sondern die Kraft Gottes. Und je mehr ich ‚wachse', desto mehr merke ich, dass ich aus dieser Kraft lebe und auf diese Kraft angewiesen bin. Und damit ich sie auffangen kann, stelle ich mich auf ihr Wirken ein und ‚setze Segel'. Wie das gehen kann, will ich jetzt beschreiben.

1. Ich suche die Gemeinschaft der Christen.

Was früher die Zeitungsanzeige war, ist heute das Internet. Dort gibt es eine ganze Reihe an Foren, die mit Christen verbinden und das

Gespräch über den Glauben und den christlichen Alltag ermöglichen. Allerdings: ‚Auge in Auge' ist dann doch etwas anderes. Eben dies macht christliche Gemeinschaft aus: Wir begegnen einander persönlich, pflegen Beziehungen, gestalten Veranstaltungen, Gottesdienste und Diakonie. Wir suchen die Gemeinscahft der Christen und damit einen kirchlichen Kontakt.

Sie haben natürlich Recht, so überzeugend sind wir Christen und viele unserer Gruppen nun auch wieder nicht. Da geht es sehr menschlich zu. Manchmal ist es auch langweilig und wenig ‚geistbewegt'. Aber trotz allem hat die Gemeinschaft mit Christen ein Geheimnis - sie ist die aktuelle ‚Krippe', in der Jesus liegt.

Ja, Sie haben richtig gehört. Weihnachten ist nicht vorbei. Auch heute gibt es einen Stall, in dem Jesus zu finden ist. Das sind der Gottesdienst, der Gesprächskreis, die Kirchengemeinde. Wie damals sieht das alles recht ärmlich aus. Manches am Holz der Krippe fault vor sich hin, manchmal stinkt es nach Ochsen, Eseln und Kamelen, aber Jesus ist dort!

Es ist schon aufregend, wenn Paulus die Gemeinde als ‚Leib Christi' bezeichnet (1.Kor.12,12ff). Früher habe ich immer gesagt: „Seht euch nicht die Kirche an, seht auf Jesus!" Heute denke ich anders. „Seht euch die Kirche an, geht in die Gemeinde, dann begegnet ihr Jesus", wage ich es heute zu sagen.

Dem Auferstandenen begegnen.

Wo Christen zusammen leben empfangen Menschen die Kraft Gottes und begegnen dem Auferstandenen.

Warum sind gerade längere Freizeiten eine große Hilfe für den Glauben, speziell auch junger Menschen? Weil dort soviel Action ist? Nein, weil man dort eine Zeit lang zusammen lebt. Warum lassen sich Erwachsene oft im Rahmen von Seminaren oder im Verlauf eines längeren Glaubenskurses auf den christlichen Glauben ein? Weil es dort so intelligent zugeht? Nein, weil man dort eine Zeit lang zusammen lebt. Doch warum verkümmert der Glaube bei vielen nach solchen Highlights? Weil sie in den grauen Alltag und in den täglichen Lebenskampf zurückkommen? Nein, weil viele ‚junge' Christen, ganz gleich welchen Alters, den Kontakt zur Gemeinschaft mit anderen Christen nicht suchen oder wieder verloren haben.

Ich denke an den Jünger Thomas (Joh.20,24-29).

Wie für alle anderen Zeitgenossen war Jesus auch für ihn ‚gestorben'. Jesus ist begraben, tot. Wie soll ich da glauben? Am Sonntagabend kommt Thomas dann zu den anderen Jüngern. Die strahlen ihn an und erzählen davon, dass Jesus lebt. Doch Thomas kann das nicht glauben.

Warum eigentlich nicht? Weil er zu rational und logisch dachte? Weil er ein ‚moderner' Mensch war, der nur glauben kann, was er sieht? Nein, der Grund lag viel vordergründiger: Thomas war am Sonntagmorgen nicht dabei, als sich die Jünger trafen. Er war beim Fußball, schlief sich gründlich aus, saß noch beim Frühstück oder sonstwo, nur nicht in der Gemeinde. Aber Jesus war in der Gemeinde. Warum ist Thomas Jesus nicht begegnet? Weil Jesus nicht da war? Doch, Jesus war da. Aber Thomas war nicht da!

Es ist vielleicht einer der folgenschwersten Irrtümer, dass Christen meinen, ihren Glauben auch alleine leben zu können. Das ist nicht wahr.

Gott führt in die Gemeinschaft.

Wo immer in der Bibel vom Glauben die Rede ist bekommt er eine soziale Gestalt. Immer findet er in der Gemeinschaft statt. "Mein Glaube ist Privatsache!", solch modernem Irrtum verfällt die Bibel nicht. Selbstverständlich sind Glaubende Teil einer Gemeinschaft. Das Volk Israel, der Jüngerkreis, erste Hausgemeinden, die junge Kirche – ohne Gemeinschaft kann der Glaube des Einzelnen nicht bestehen.

Nicht den Letzten, sondern den Einzelgänger beißen die Hunde.

Es lohnt sich, über das Bild des Paulus vom Leib nachzudenken. Die Hand braucht den Arm, der Fuß ist auf das Bein angewiesen, jeder braucht den ganzen Leib zum Leben.

Also, wenn Sie ‚Segel setzen' wollen, dann suchen Sie die Gemeinschaft mit anderen Christen. Gemeinsam mit ihnen werden Ihre ‚Segel-Setz-Aktionen', von denen ich jetzt rede, dann viel leichter sein.

2. Ich spreche über meinen Glauben.

Keine Angst. Damit meine ich keine dicke Missionskeule. Es geht nicht darum, Leute auf der Straße anzusprechen und sie zu Jesus zu bekehren. Es geht auch nicht darum, immer und dauernd nur vom christlichen Glauben zu reden. Nein, es geht darum, dass wir anfangen, unsere Erfahrungen mit Gott mit anderen zu teilen. ‚Share the gospel' heißt auf englisch das Evangelium mitteilen. Im Neuen Testament finden wir das immer wieder, dass jemand Jesus begegnet, mit ihm etwas erlebt und sofort in seinem Freundeskreis davon erzählt. Das Reden über den Glauben ist immer eingebunden in die Lebensgemeinschaft mit den nahestehenden Menschen.

Mit Christen über den Glauben reden.

Natürlich machen wir Ausflüge. Wir treten mit dem Gospelchor öffentlich auf und freuen uns über viel Beifall. Wir machen einen Stand beim Stadtfest und wir starten diakonische Aktionen. Aber das Reden über Glaubensfragen gehört auf jeden Fall auch dazu. Natürlich treffen wir uns zum Grillen und diskutieren über politische und gesellschaftliche Themen. Aber es geht immer auch um unseren persönlichen Glauben. Wir tauschen uns über unsere Erfahrungen im Familienalltag oder im Beruf aus, wir teilen unsere Freude und unseren Frust. So wird Gemeinde hilfreich für den Glauben.

Gemeinde ist also keine One-Man-Show. So ist es ja leider oft genug: Der Pastor oder der Diakon ist ja schließlich Experte in Glaubensdingen. Deshalb macht er auch alles. Er redet vom Glauben, er legt die Bibel aus, er gestaltet den Gottesdienst, er besucht Außenstehende (wenn er dazu noch Zeit hat) und er ist Vorturner in allen christlichen Disziplinen. Die Gemeinde sitzt da und sieht oder hört zu. Einer gegen alle. Finden Sie das wirklich gut?
Wenn nicht, dann wäre es spannend, den Gesprächsgruppe oder den Hauskreis anzusehen. Wer redet dort über den Glauben? Wer beansprucht dort geistliche Kompetenz? Sie?

Genau das wäre angemessen! Wenn jeder Christ den Heiligen Geist empfangen hat, dann ist auch jeder ein Fachmann oder eine Fachfrau in Sachen Glauben. Dann ist das Mitteilen des Glaubens nicht nur

Sache des Gruppenleiters und der Hauptamtlichen. Dann wird Gemeinde zum wichtigen Übungsfeld für ‚to share the gospel'.

"To share the gospel"

So Geübtes kann dann auch woanders angewandt werden. Meinen Glauben kann und soll ich auch im außergemeindlichen Kontext meines Lebens mit anderen teilen. Sie beginnen im Freundeskreis, in der Familie und mit Arbeitskolleginnen und -kollegen vom Glauben zu reden. Sie erzählen Ihren Nachbarn vom letzten Gottesdienst oder vom Gesprächskreis. Warum sollten Sie Ihren Glauben dort verschweigen, wo Sie täglich leben? Es ist doch toll, Christ zu sein. Richtig, es kann Gegenwind geben. Es wäre auch dumm und lieblos, den anderen ungefragt irgendwelche Wahrheiten um die Ohren zu hauen. Aber ich möchte meine Freunde und Bekannte doch in das einbeziehen, was mich selber tief bewegt. Es wäre nicht fair, ihnen das vorzuenthalten.

Ich selbst habe manches Schöne erlebt, seit ich Christ bin. Mein Lebensschiff hat oft ‚gut im Wind' gelegen. Aber am meisten hat mich vorangebracht, wenn ich anderen Leuten, vor allem solchen, die Jesus nicht kennen, von ihm erzählt habe.

3. Ich lese in der Bibel

„Nun wird`s fromm und mühsam", stöhnte an dieser Stelle einmal ein junger Mann. Die Bibel, das war für ihn das dicke Buch mit der alten Sprache und den schnörkeligen Buchstaben. Schon bei der Technik des Lesens geht die Luft aus – wieviel mehr erst, wenn ich das auch noch verstehen will. Also am besten die Finger weg, oder?
Tatsächlich, mit der Bibel kriegt man schnell Probleme. Auch wenn man ein gut lesbares Exemplar hat. Da stehen manch seltsame Sachen drin, manches klingt wie Gebrüder Grimm, manches wie Science Fiction und einiges wie die Protokolle eines Kriegsreporters an vorderster Front. Wo soll man da anfangen, wo besser aufhören? Ich will jetzt nicht mit Ihnen intensiv über die Bibel zu diskutieren. Das machen Sie besser in einer Gruppe. Aber zwei Hinweise möchte ich doch geben.

Die Bibel, eine Krippe in der Jesus liegt.

Es kommt nicht darauf an, dass die ‚Krippe', die Bibel stimmt oder Recht hat. Es kommt nicht darauf an, dass man alles erklären kann und durchschaut. Auch gut finden muss man nicht alles, was da steht. Nein, es kommt allein darauf an, dass man Jesus in der Bibel entdeckt und so dem Vater begegnet.

Also, wichtigstes Kriterium zum Bibellesen ist die Frage, wo ich darin Jesus Christus entdecke. Welche Zusagen, welche Hinweise gibt mir der Auferstandene durch dieses Buch? Ich will mich seiner Kraft öffnen, will ihn an mich heranlassen, möchte von ihm geprägt werden und sein Wind soll mich voranbringen. So lese ich Bibel. Ich erwarte, dass er, Jesus Christus, mir darin begegnet. Ich suche nach Zusagen und Hilfestellungen Gottes für mein Leben. Und ich beginne, meinen Alltag daraufhin zu gestalten.

Die Bibel tun

Ein amerikanischer Freund hat uns von einem Prediger erzählt, der seine Gemeinde eines Sonntags aufgefordert hat, mit den Nachbarn im linken Nebenhaus Kontakt aufzunehmen. Am nächsten Sonntag hat er dieselbe Predigt gehalten: „Sucht Kontakt zu eurem linken Nachbarn!" Noch drei Sonntage lang hat die Gemeinde dieselbe Predigt gehört. Die meisten Gottesdienstbesucher wurden natürlich nervös und ärgerlich. Dann kam der fünfte Sonntag: „Ich freue mich," sagte der Prediger, „denn ich habe gehört und gesehen, dass einige von euch ihre linken Nachbarn besucht haben. Toll! Jetzt habe ich ein neues Wort Gottes für euch: Besucht auch den Nachbarn zur Rechten." Ob die Gemeinde verstanden hat, was dieser Prediger erreichen wollte? Ob Sie das verstehen?

Richtig! Es geht beim Bibellesen und Hören auf das Wort Gottes nicht ums ‚Verstehen' allein. Es geht vor allem darum, auch zu leben, was ich entdecke. Besser, Sie lesen wenig in der Bibel

und tun, wozu Christus Sie einlädt und auffordert, als Sie lesen viel und nichts wird in Ihrem Leben umgesetzt. So sollten Sie sich auch in einer Gruppe nicht mit Bibeltexten und christlichen Themen überschütten, sondern besser gegenseitig unterstützen, dass Sie das Gelesene auch umsetzen. Die Bibel will nicht nur gelesen, sondern vor allem getan werden.

So erleben Sie, wie die Kraft Gottes in Ihr ‚Lebenssegel' fasst und Sie voranbringt.

4. Ich bete

Dazu muss ich jetzt nicht mehr viel sagen. Wer aus der Kraft Gottes lebt, der beginnt, Gott für jeden Windstoß zu danken. Und in Zeiten der Flaute bitten wir um neue Kraft. Wer entdeckt, dass der ganze Alltag etwas mit dem Glauben zu tun hat, der lebt bald in einem ständigen Dialog mit dem Vater. Diesen Dialog nennen wir Gebet. Es geht darin nicht nur um fromme, sondern um alle Themen, die das Leben stellt.

Da finde ich übrigens die Geschichten von Don Camillo ganz prima. Da ist einer, der immer wieder, bei allen möglichen Anlässen, mit Gott redet. Dank, Bitte, Ärger, Frust, Freude alles lässt er einfach so raus im Gespräch mit Gott. Das ist Beten. Mit Gott reden, wie mit einem guten Vater und Freund.

Wer betet, nimmt Gott beim Wort.

Manchmal beten wir, als hätten wir einen Automaten vor uns: Oben ein Gebet rein, unten eine Erfüllung raus. Hinterher sind wir enttäuscht, wenn Gott das nicht mit sich machen lässt. Offenbar erfüllt er nicht alle meine Wünsche. Aber was dann? Wie und wofür soll ich sonst beten?

Ein Beispiel weist die Richtung: Als meine Kinder kleiner waren, kamen sie oft zu mir und wollten, dass wir in die Eisdiele fahren. Sie waren ziemlich zäh mit ihrem Generve. Manchmal habe ich mich auch breitschlagen lassen und ihnen gegeben, was sie wollten. Aber richtig sicher sein, dass es wirklich Eis gibt, konnten sie nur dann, wenn ich es ihnen ausrücklich versprochen hatte. Natürlich war auch dann noch nicht klar, wann wir fahren oder wie viele Kugeln es gibt, aber es stand fest, dass wir zur Eisdiele kommen würden und die zwei ihr Eis bekamen.

So ähnlich geht es mir auch mit Gott. Ich nerve oft mit meinen tausend Wünschen. Und manchmal wird auch einer erfüllt. Aber sicher sein kann ich mir da nicht. Anders ist es bei Dingen, die Gott ausdrücklich versprochen hat. Da kann ich sicher sein, dass er zu seinem Wort steht. Ich weiß nicht genau, wann sich seine Versprechen erfüllen. Ich weiß auch nicht genau, wie das im Einzelnen aussehen wird - aber ich weiß, dass er zu seinem Wort steht. So suche ich in der Bibel nach Zusagen Gottes. In meinem Gebet berufe ich mich auf diese Zusagen. „Vater, du hast es versprochen. Dein Wille soll geschehen!" So bekommt mein Gebet eine andere Qualität als die ständig wiederholte Bitte, meine Wünsche zu erfüllen. Ich bete vielmehr darum, dass Gott sich und mir seine Wünsche erfüllt.

5. Ich entdecke die Gaben Gottes und gebe sie weiter.

Viele Christen bleiben immer nur Konsumenten: Gott schenkt, schenkt und schenkt. Wir sacken alles ein und behalten es für uns.

Natürlich fragt jede und jeder am Anfang erst einmal, was der Glaube bringt. „Was habe ich vom Glauben? Was habe ich von der Gemeinde, vom Beten, vom Bibellesen?" Logisch, es wäre Unsinn, den christlichen Glauben festzuhalten, wenn ich nichts davon hätte. Und Gott beschenkt uns ja auch mit vielen guten Erfahrungen, Erlebnissen, Freunden, Gedanken, Ideen usw. Doch irgendwann werde ich erwachsen im Glauben. Dann frage ich anders: „Was hat Gott eigentlich von mir? Was hat die Gemeinde von mir? Was haben meine Freunde von meinem Glauben, von meinem Beten und Bibellesen?"

Das ist ‚Wachstum im Glauben', ist ‚Fahrt aufnehmen' für das Segelboot. Mein Glaube wird für andere wichtig. Das ‚Päckchen' Hermann, Thomas oder Vanessa, in das Gott viele, viele Gaben und Geschenke gelegt hat, wird ausgepackt und der Inhalt weitergegeben. So werde ich enorm wichtig für andere.

Finden Sie diesen Gedanken auch faszinierend? Sie sind ein ‚Päckchen Gottes', nein, ein stattliches ‚Packet'. Da kommt es nicht auf die Verpackung an und auf bunte Schleifen und das Outfit. Da kommt es drauf an, dass Sie sich ‚auspacken' lassen und die Geschenke Gottes weitergeben.

Sinn des Lebens: Brief Christi sein.

Wir haben zu Beginn des Kurses darüber gesprochen, was der Sinn in unserem Leben ist. Sinnvoll wird unser Leben in der Beziehung zu Christus - das war unsere Entdeckung. Von Ihm kommen wir - und zu Ihm gehen wir. Er ist unser ‚Woher' und ‚Wohin'. Aber er ist auch unser ‚Wozu'.  „Wozu lebe ich?", haben wir gefragt. Ich gebe Ihnen nun eine eindeutige Antwort: Sie leben, um den lebendigen Christus in Ihrer Umgebung abzubilden. Durch Sie sollen Menschen Gottes Gaben empfangen, ihn entdecken und ihm begegnen. Das ist der Sinn Ihres Lebens. Dazu sind Sie da.

Dabei sind Sie nicht allein, denn das ist auch der Sinn der anderen Christen und damit der Gemeinde. „Ihr seid ein Brief Christi" schreibt Paulus (2.Korinther 3,3). Durch euch erfahren die Menschen von Gott, erleben seine Hilfe, freuen sich über die Vergebung der Schuld und entdecken ein Lebenvoller Sinn und Lebendigkeit.

Das Ganze klingt Ihnen zu anspruchsvoll? Wieder steigt die Angst hoch, dass Sie die schweren Segel nicht hochziehen können? Kann ich gut verstehen! Das ist auf einem großen Segelschiff allein auch kaum möglich. Da braucht man viele Hände. Genauso brauche ich die Hilfe der anderen Christen zum Glaubensleben. Und wenn Sie ‚Brief Christi' sein wollen, ist die Gemeinde besonders wichtig.

Gott fängt mich auf.

Aber noch etwas ist wichtig. Fasziniert blicke ich zur Zirkuskuppel. In schwindelnder Höhe hat ein junges Mädchen die kleine Plattform erklommen. Nun setzt sie sich auf die Schaukel, und ohne zu zögern stößt sie sich ab und schwingt ins bodenlose Nichts hinaus.

Gewagt? Riskant? Ja, gewagt und riskant ist das schon. Aber es ist kein wirklich gefährliches Unternehmen. Das Risiko ist begrenzt. Ein fest gespanntes Netz sichert das Mädchen ab. Es kann ihm nichts passieren. Auch wenn sie es nicht schafft, sie fällt nur bis ins Netz und kann immer wieder von vorn beginnen.

Glauben Sie mir, wenn da nicht die Hand Gottes wäre, die mich immer auffängt, könnte ich und wollte ich keinen einzigen Schritt im Glauben gehen. Das wäre mir viel zu riskant. Da hätte ich zuviel Angst, auf die Nase zu fliegen mit meinem Glauben. Doch Gott fängt mich auf. Ich darf Fehler machen, darf versagen, darf mich einfach in die Arme des Vaters fallen lassen.

Beim ‚Segelsetzen' bin ich beteiligt, da muss ich aktiv werden. Das ist deutlich geworden. Aber auch hier ist es, wie beim Glauben überhaupt. Bewegt wird das alles nur durch die Kraft Gottes. Es hängt nicht an mir. Nicht ich muss rudern und mich abquälen. Gott bewegt mich. Der Vater hält mich fest, bringt voran, fängt auf, motiviert, belebt, macht mein Leben sinnvoll. Mehr will ich nicht und mehr brauche ich nicht. Also werde ich den Geist nicht aufgeben!

 **Mehr als ein Spruch – den Geist nicht aufgeben!
Einzelarbeit und/oder Gruppengespräch:**

Was ich vertiefen möchte ...
Die Beiträge zum „Segel setzen" deuten das jeweilige Thema nur an. Über welchen der vier Punkte möchte ich gerne
in einer Gruppe reden?
Wo sollten wir gemeinsam tiefer einsteigen?

Erfahrungen mit gelebtem Glauben
Ich schreibe meine Erfahrungen mit den vier Bereichen auf:
- Welche Anbindung habe ich an eine Gemeinde?
- Welche Rolle spielt das Beten in meinem Leben?
- Wie komme ich mit der Bibel zurecht?
- Was hilft mir, die Gaben Gottes zu entdecken und
  weiterzugeben?

Mehr als ein Spruch

Der thematische Teil des Kurses ist hier beendet und das Buch klappen Sie gleich zu. Wenn Sie es im Rahmen eines Seminars gelesen haben, dann lesen Sie bitte das letzte Kapitel erst nach dem Abschlussgottesdienst. Es enthält die Predigt für den Gottesdienst und es wäre schade, wenn Sie sich durch einen Vorgriff um manchen Überraschungseffekt bringen. Wenn Sie das Buch nur für sich allein lesen, können Sie das letzte Kapitel gerne als Zusammenfassung des Ganzen betrachten. Dennoch sollten Sie die Themen des Kurses nicht abhaken und als erschöpft betrachten. Manches musste offen bleiben. Viele Gedanken habe ich nur überfliegen können. Es ist aber nötig, immer wieder zu landen und die Landschaft zu erkunden. Ich hoffe sehr, dass Sie dazu andere Christen finden und mit ihnen weitere Entdeckungen machen.

Sie werden entdeckt haben, dass der christliche Glaube tatsächlich mehr ist als ein (frommer) Spruch. Er erschöpft sich nicht in Redensarten, Bibelworten und Lebensweisheiten. Durch den Glauben wird Ihr Leben auf ein tragfähiges Fundament gestellt und Sie hängen Ihr Herz an jenen Gott, auf den Sie sich wirklich verlassen können. Im Leben und im Sterben.

„Gott sei Dank!"
Abschlussgottesdienst

Das 7. Kapitel

Wenn Sie jetzt weiterlesen, erfahren Sie nichts wirklich Neues. Vielmehr lade ich Sie ein, einige der wichtigsten Aspekte des bisher Bedachten noch einmal zu erleben – diesmal im Rahmen einer biblischen Geschichte.

Bitte lesen Sie jetzt nicht weiter, wenn Sie das Buch im Rahmen eines Projektes mit Abschlussgottesdienst lesen. Was jetzt kommt, ist nämlich die Predigt in einem solchen Gottesdienst – und da wäre es Schade, wenn Sie sich der Spannung des gesprochenen Wortes berauben ...

Aber wenn Sie das Buch für sich allein lesen: Viel Spaß beim ‚Hören' einer Predigt zu Matthäus 14, 20–32 – und wundern Sie sich bitte nicht, wenn sich die Ebenen zwischen biblischer Zeit und dem Hier und Heute verschieben ... das ist durchaus so gewollt.

„Gott sei Dank!"

Sie haben allen Grund, dankbar zu sein. Da haben sie sich satt gegessen und satt gesehen. Vor ihren Augen sind Kranke gesund geworden und haben die Worte dieses Predigers Gestalt angenommen. Zu hunderten waren sie gekommen. Warum? Wissen Sie noch, warum Sie sich auf den Weg gemacht haben? Weil Jesus Sie neugierig gemacht hat? Weil Sie über einen Freund oder eine Freundin gehört haben, dass die Veranstaltung beeindruckt? Weil Sie auf gutes Essen gehofft haben und ebenso guter Gemeinschaft? Weil der Ruf des Referenten ihm voraus geeilt war? Oder weil Sie Sehnsucht nach Hilfe und endlich einmal guten statt Worten hatten und der Hunger nach Leben Sie trieb? Wie auch immer: Nun sitzen sie da und sind satt und zufrieden. Es war eine großartige Veranstaltung. Es war ganz so, nein, besser als sie erwartet hatten. Das Kommen und all der Aufwand hatten sich gelohnt. Für ihre Seele, ihr Denken, ihr leibliches Befinden und für ihren Glauben war wirklich etwas herausgekommen.

Oder ob einige das anders sehen? Und doch noch zweifeln? Die Sache mit den Broten und Fischen – wie ist das eigentlich wirklich gelaufen? Fünf Brote und zwei Fische für fünftausend hungrige Menschenmäuler – wie soll das gehen? Ob dieser Jesus wirklich von Gott kommt und zu Gott führt? Ob er wirklich in meine Lebensgeschichte eingreifen kann und mich heil machen kann? Ob ... Ja, ich kann mir gut vorstellen, dass noch einige da sitzen, die all das nach wie vor bezweifeln. Sie alle haben dasselbe erlebt, aber sie interpretieren es jeweils anders. Die Gemeinschaft, die Heilungsprozesse, die Versorgung, die guten Worte – für einige waren das Zeichen eines liebenden Gottes, für andere Anstoß zu weiteren Fragen. Was übrig bleibt, sind für die Einen zwölf Körbe mit Grund zur Dankbarkeit – und für die Anderen zwölf Körbe voller Fragen und ungelösten Problemen. Immerhin. Die Geschichte ist nicht zu Ende, sie geht weiter.

Auch den Jüngern, also den Mitarbeitern Jesu hat die Veranstaltung wohl gut gefallen. Immerhin hat Jesus sie mit einbezogen in sein Wunder. Sie konnten organisieren, die Gaben verteilen, die Leute zu Jesus bringen. Sie haben sich wahrscheinlich über die Anerkennung ihres Chefs gefreut und ein wenig von dem Glanz davon auch selbst abbekommen. Ja, das war eine schöne Veranstaltung. Alles hat geklappt. Zwischendrin haben sie gemeint, es reiche nicht, was sie einbringen können. Sie hatten gemeint, es sei nicht genug Brot da und nicht genug Geld und Zeit und Kraft und Fantasie und ... Aber Jesus hatte es ihnen gezeigt. Bei ihm reicht auch das Wenige. Er kriegt das hin, auch auf dieser Veranstaltung. Naja – und da freuen sie sich und genießen die letzten sanften Sonnenstrahlen. Mit Jesus unterwegs sein, mein Leben auf genau dieses Fundament bauen, das bringt´s. Gott sei Dank!

(Matthäus 14,20-21)

Aber dann steht Jesus plötzlich neben ihm. „Petrus!" Petrus schrickt zusammen. „Ja, Herr! Es ist toll hier! So kann es immer bleiben! Danke dir!" Aber Jesus schüttelt den Kopf. „Petrus, mach das Boot fertig! Ihr müsst jetzt losfahren!" „Das Boot fertig? Aber Jesus, wieso denn? Lass uns doch die Gemeinschaft noch genießen. Und deine Nähe spüren und deine Worte hören, und schöne Lieder singen und noch ein Anspiel anschauen und noch etwas diskutieren ..."
„Petrus! Fahrt aufs Meer!" Hier steht sogar, dass Jesus seine Jünger aufs Meer trieb. Die wollten aber nicht. So ein Tag, so wunderschön wie heute, so ein Tag der sollte nie vergeh'n. Hier glaubt es sich leicht, hier spüren wir die Nähe Gottes und sein segensreiches Wirken. Aufs Meer hinaus? Wer will das schon? Das war einmal unser Alltagsgeschäft, denkt der ehemalige Fischer Petrus. Arbeiten, Rackern, Wind und Wellen. Womöglich Angst und Not, Tiefe und Bedrohung. Wir sind doch froh, dass wir dem durch diese Veranstaltung einmal entkommen sind! Lass uns doch noch einige Abende und Tage dranhängen!
Nein, sagt Jesus, nichts wird drangehängt. Jetzt ist die Zeit des Alltags gekommen. Für euch gibt es jetzt nur eine Richtung: Hinaus aufs Meer, hinein in die Alltagswelt mit eurer Arbeit, den Familien, den Herausforderungen eurer Beziehungen...
Und Jesus? Kommst Du mit? Ich sehe den bangen Blick in den Augen der Jünger. Sie spüren, dass er ihnen nicht einfach alles abnimmt. Sie merken, dass Jesus diesmal nicht mitgeht. Er schickt sie einfach los: Ihr macht das schon! Ich schicke euch in jene Welt hinein, in die ihr gehört. Dort spielt sich das Leben ab. Ja, manchmal gibt es auch tolle Veranstaltungen wie diese hier. Aber die gehen vorbei. Weder mein noch euer Platz ist dauerhaft ein Platz an der Sonne. Wir machen kein christliches Event-hopping und wir hangeln uns nicht von einer Glaubensparty zur anderen. Wir leben wie alle anderen Leute auch. Also geht es hinaus aufs Meer! Wo sonst soll sich zeigen, ob trägt, an was wir glauben? Wo sonst soll der Glaube sich als alltagstauglich erweisen als in den Niederungen des Alltags?

Es kommt, wie sie es befürchten. Der kleine See Genezareth, fast kreisrund und vierzehn Kilometer im Durchmesser, konnte zur tödlichen Falle werden. Heiße Wüstenwinde aus dem Osten werden zum Sturm. ‚Scirocco' nennen die Einheimischen ihn – so wie später VW sein Sportmodel. Starke Böen wühlen das Wasser auf. Harte, kurze Wellen rütteln am Boot, drohen es umzustoßen. Petrus lässt die Segel reffen, dann ganz einholen. Inzwischen ist es fast dunkel, da der Wüstenstaub auch den restlichen Sonnenstrahlen die Kraft nimmt. Philippus, Nathanael und die anderen Landratten klammern sich ängstlich fest. Einer beugt sich über die Reling und muss sich übergeben, ein anderer umklammert den Mast wie einen letzten Strohhalm. Da ist nichts mehr mit sonnigem Glaubensevent! Da ist nur noch der Kampf ums Überleben. Andreas und Petrus sichern sich mit Tauen, binden dazu auch das Ruder fest. Wieder knallt eine Woge übers Deck. Fast hätte sie einen der Brüder mitgerissen. Der Wind heult. Dazwischen die Kommandos der wenigen erfahrenen Bootsleute an Bord.

Jesus?! Wo ist der? Er ist nicht da. Er betet irgendwo in Sicherheit. Er hat's gut. Wir müssen uns hier abrackern, müssen mit den Stürmen unseres Lebens fertig werden – und die Kirchenleute reden, beten und machen Veranstaltungen. Sollen die doch auch mal erleben, was ich erlebe! Menschen, die nicht weiterwissen, denen kotzübel ist, die weinen, sich verkriechen vor Angst, nicht mehr leben möchten – soll Jesus sich doch das mal ansehen! Und die Veranstaltung? Wie lange ist das nun her? Vier Wochen? Oder nur zwei? Oder ist sie gerade erst zuende gegangen?

Es ist schon aufregend, wie plötzlich und radikal der Sturz in den Alltag hier ist. Eben noch leicht geglaubt, jetzt voller Angst. Eben noch erlebt, wie Jesus Wunder tut, jetzt das Gefühl, er ist nicht einmal da. Wie schnell das gehen kann. Nach dem Hoch-Gefühl folgt die Angst, die Leere, die Fahrt über den Tiefen des Todes.

„Der Wind kam ihnen entgegen!" Nicht mehr das leise Säuseln des Geistes, nicht die Kraft Gottes in ihnen und in ihrem Rücken. Nun spüren sie Gegenwind. Am Arbeitsplatz durch den Chef und die Kollegen, in der Familie mit Sorgen und Ärger wegen der Kinder, in der Ehe durch Gleichgültigkeit und Verbitterung, mit sich selbst durch zerplatzte Träume und Frustration – der Gegenwind des Alltags hat viele Facetten.

Und der Glaube? Wie sieht der nun aus? Kämpfen, da muss ich alleine durch, denn Jesus ist ja doch nicht da. Klein beigeben: Es war doch alles nur Illusion dort draußen im Sonnenschein, damals im Glaubenskurs. Einfach durch – wie sonst soll es gehn? Das sind eben zwei völlig voneinander getrennte Bereiche unseres Lebens: Der kirchliche und der weltliche Teil. Wie sollten die denn auch zusammen kommen!? Der Alltag holt uns immer wieder ein.

(Matthäus 14, 22-24)

Gegen drei Uhr morgens ist es dann passiert. Sie haben also lange gekämpft. Diese ‚Nachtwache' war die gefährlichste. Auch die Leid geprüften Fischer waren erschöpft und müde. Auch sie hatten die Orientierung verloren und den Kampf mit den Wellen beinahe aufgegeben. Es hat ja doch keinen Zweck. Das Boot nur so im Wind halten, dass es nicht kentert. Hauptsache wir kommen irgendwie durch. Längst haben wir überflüssigen Ballast von Bord geworfen. Längst geben wir uns mit wenig zufrieden. Keine Ahnung, was durch die Köpfe der Jünger im Boot geht, bevor sich die Szene verändert. Resignation. Gleichgültigkeit. Angst. Erschöpfung. Burnout. Wenn ich immerzu im Gegenwind lebe, habe ich keine Chance zur Lebensentfaltung. Und in solch besonders schwachen Phasen bin ich besonders anfällig und besonders gefährdet. Also entscheidet sich das Leben nicht in den starken, sondern in jenen schwachen Phasen. In der Nacht, da wo auch sonst wachsame und wache Menschen müde werden, also so um die vierte Nachtwache herum ... da fallen die wirklichen Entscheidungen über Leben und Glauben.
Petrus hat es wohl als Erster wahrgenommen. Da war doch was? Dort draußen. Er richtet sich auf und starrt ins Dunkel hinein. „Horcht doch mal!" Niemand hört etwas. „Doch, da war es wieder!" Einigen im Boot läuft es schaudernd den Rücken hinunter. Gefahr! Bedrohung aus der Tiefe? Wie die meisten Völker damals glaubten auch die Menschen im Boot an Geister der Unterwelt. Deshalb fürchtete sich fast jeder vor dem Meer. Dort kamen jene Todesmächte empor. Wie jetzt?
„Nein!" ruft Petrus. „Jesus, bist du es?!"

Die anderen haben nichts gesehen. Wer soll das sein? Auf dem Wasser? Mitten im Sturm? Jesus? Petrus, du träumst. Du siehst, was du gerne sehen willst. Du verlierst jeden Bezug zur Realität. Jesus in der Kirche, im Glaubenskurs, in der Veranstaltung vorhin, ja. Aber hier? Mitten im Sturm des Alltags? Mitten in der Angst, in der Bedrohung, im Gegenwind? Wo soll er denn da sein? Ich spüre ihn nicht, ich sehe ihn nicht. Du machst dir doch was vor!

Aber Petrus lässt sich von den anderen nicht beeindrucken. Er starrt weiter ins Dunkel. Er sieht dort draußen etwas, was andere zumindest noch nicht sehen. Und dann meint er sogar, etwas gehört zu haben. „Jesus, was hast du gesagt? Du bist es? Wir sollen keine Angst haben?"

Habt ihr es nicht gehört? Da kommt Jesus auf uns zu, wenn wir in unseren Alltag hinaus gehen. Er ist schon dort. Er ist nicht auf der Veranstaltung im Sonnenschein geblieben. Er hat sich auch nicht dauerhaft in seine fromme Gebetsecke irgendwo auf einem heiligen Berg zurückgezogen. Nein, er ist schon mitten drin in unserem Alltag. Es stürmt und er zeigt sich mir. Ich weiß nicht mehr, wie es weitergeht und er kommt auf mich zu. Ich werde ohne Orientierung hin und her geworfen und er wendet meinen Blick in seine Richtung. Ich höre weder mich selbst noch irgendetwas anderes als das Toben des Sturmes und er redet mittendrin und erreicht plötzlich mein Ohr.

"Ich bin's! Ich, der ich für dich einstehe, der ich dein Leben lang hinter dir hergelaufen bin und um dich geworben habe. Ich bins, der ich für dich herunter gekommen bin, damit du dich nicht auf der religiösen Leiter zugrunde richtest. Ich bins, der dir wie ein liebender Vater entgegen läuft und dich in die Arme nimmt. Ich bins, in den hinein du getauft bist und zu dem du auf ewig gehörst. Ich bin's doch! Darum fürchte dich nicht!"

(Matthäus 14, 25-27)

Was Petrus da hört, verändert alles – auch wenn alles rein äußerlich zunächst so bleibt. Der Sturm tobt. Die Angst ist da, die Tiefe, der Gegenwind, die eigene Ohnmacht. Aber etwas ist anders. Jesus ist auch da. Oder nicht?

Petrus will es offenbar wissen. „Wenn du es bist, Jesus! Wenn du es wirklich bist, dann will ich mich dir anvertrauen!"

Welch ein Entschluss! Welch ein Gebet: Wenn es dich gibt, Gott, und wenn du für mich da bist, dann stelle ich mich auf dich als Fundament. Dann hänge ich mein Herz an dich. Dann sage ich ja zu dir!

Petrus und wer immer so betet, hat offenbar etwas enorm

Wichtiges erkannt: Ob wahr ist, was Jesus da behauptet, kriegt nur jemand heraus, der oder die sich ihm anvertraut. Die Wahrheit über Gott und seine Kraft und Liebe erfährt nur jener, der oder die sich ohne wenn und aber riskiert. Wie war das noch mit dem ‚Schatz im Acker'? Nur durch Hingabe wird der Schatz gehoben – und nur weil der Schatz vor Augen ist, kann sich jemand guten Gewissens hingeben. Petrus hat da draußen Jesus gesehen und seine Stimme gehört. Deshalb riskiert er es: „Wenn du es bist, dann lass mich zu dir auf's Wasser kommen!"

Und von draußen kommt prompt die Antwort, so als hätte Jesus auf solches Gebet schon gewartet. „Komm her!"
Jetzt wird es richtig spannend. Jetzt geschieht mitten im Sturm und mitten im Meer des Alltags, was man nur dort erleben kann: Petrus vertraut sich Jesus an. Petrus glaubt.
Ich sehe ihn vor mir, wie er eines seiner Beine hebt und über die Reling nach draußen steigen will. „Haaalt!" schallt es da aus mehreren Kehlen um ihn herum. „Du kannst doch nicht einfach aufs Meer gehen! Bist du lebensmüde!"
„Aber liebe Leute, ich habe doch die Stimme Jesu gehört. Jetzt folge ich seinem Ruf." Petrus meint, seinen Kollegen damit genug erklärt zu haben. Aber er täuscht sich.
„So'n Quatsch! Wir haben nichts gehört. Und wenn schon, so genau weißt du doch nicht, dass es seine Stimme war. Vielleicht hast du es dir nur eingebildet. In der Not passiert sowas, da greift man nach jedem Strohhalm. Nee, so geht das nicht. Das ist viel zu gefährlich. Besser, wir stellen uns hier um den Mast, beten ein Vaterunser, singen noch ein Kirchenlied und pflegen unsere Gemeinschaft. Da erleben wir doch auch den Trost Gottes. Und vielleicht kriegen wir ja wieder Gefühle der Geborgenheit und spüren uns eben als Lebens- und Leidensgemeinschaft. Das muss doch reichen zum Christsein. Wieso denn gleich so radikal? Mich hingeben, alles einsetzen, aufs Meer gehen, ganz auf ihn vertrauen … Es muss doch auch anders gehen!"
Petrus aber ist sich sicher: Es geht jetzt nur so. Weder durch christliche Lebensformen noch durch religiöse Praktiken, noch durch gute Stimmung werde ich erleben, dass Christus da ist und mich trägt, nur durch Vertrauen!
Also klettert er erneut auf die Reling.

„Haaalt!" Wieder ruft jemand entsetzt und packt ihn am Arm, um ihn herunterzuziehen. „Du hast doch gar keine Beweise! Petrus plus Wasser (H_2O) = Der Taucher! Wasser trägt doch nicht, das weiß doch jedes Kind. Wenn du beweisen könnstest, dass Jesus da draußen ist, und dass er dich aufgefordert hat zu kommen und dass er selbst auf dem Wasser geht – ja, dann vielleicht. Aber ohne Beweise? Ich glaube nur, was ich sehe!"

Petrus muss sich ziemlich energisch gegen solche Argumente und zupackenden Hände wehren. Auch jene, die meinen, er solle doch im Boot bleiben und den Kranken und Verletzten zur Seite stehen, darin bestehe immerhin das Christsein, dass man sich gegenseitig helfe, machen es ihm schwer. „Ja", sagt er denen, „Ihr habt ja Recht, dass wir uns in Nächstenliebe üben sollen – aber nicht jetzt! Jetzt ist für mich nur Eines dran: Ich will mich Jesus anvertrauen!"

Naja, in der Bibel stehen diese ganzen Widerstände nicht im Zusammenhang mit dieser Geschichte. Aber ich könnte mir das richtig gut vorstellen. Dann kommen noch jene, die sagen, dass Petrus sich doch nach der Mehrheit im Boot richten soll und man könne ja abstimmen, ob Jesus da draußen sei und wie man ihm begegnet. Und jene, die meinen, man könne Gott auch spüren, wenn man sich irgendwo ins Boot setzt und ganz fest an ihn denkt. Und jene, die Petrus raten, noch ein wenig zu warten, um zu sehen, ob er die Stimme Jesu noch öfter und noch deutlicher hört.

Aber ich hoffe, dass Petrus sich und seiner Intuition treu bleibt. Dass er jetzt vertraut und einen solchen vertrauensvollen Schritt macht. Wenn er in seinem Herzen gehört hat: „Komm her!" dann hoffe ich sehr, dass er dieser Einladung folgt. Jetzt noch zu zögern, würde diese Chance verspielen. Jetzt ist die Gelegenheit, die Wirklichkeit Gottes herauszufinden. Jetzt ist der Zug eingefahren. Jetzt ist die Tür weit geöffnet. Jetzt reicht Gott mir das Geschenk des Glaubens.

Gratuliere, Petrus! Du gehst auf dem Wasser! Wie ist das so?
Ich sehe den Mann staunen. „Es geht!" Er jubelt. Ich kann auf dem Wasser gehen! Ich kann Unmögliches tun. Mein Glaube trägt mich. Ich erlebe Wunder. Wo ich früher von Zufall oder Glück gesprochen habe, sehe ich heute Gottes Eingreifen in meine

Geschichte. Ich schaue die Natur mit anderen Augen. Sie ist Schöpfung Gottes und zeigt sowohl seine Liebe als auch seine Kraft. Ich sehe die Menschen anders. Wir sind seine Kinder und nicht mehr Feinde, Konkurrenten oder besser und schlechter. Gott ist da! Mitten im Alltag kriege ich plötzlich neuen Mut. Der Sturm um mich herum heult immer noch, aber ich habe keine Angst mehr. Ich weiß mich geborgen in Gottes Hand. Die Dunkelheit umgibt mich, aber ich sehe immer wieder irgendwo ein kleines Licht und das reicht mir für den nächsten Schritt. Ich bin zwar noch allein und schwach aber habe doch einen starken Helfer. Die Probleme sind zwar nicht bewältigt, aber ich kann doch fröhlich über die Wellen gehen.

Es ist schon aufregend, wenn jemand erste Schritte des Glaubens geht. Da kann gestaunt werden, oft auch gejubelt und vor Freude gesungen. Und das traue ich Petrus auch zu, dass er Freudenrufe loslässt. „Hey Leute, schaut nur, wie es mir geht! Ausgezeichnet! Kommt doch auch hier raus, macht doch auch mit beim Christsein! Der Glaube ist das Beste, was euch und mir passieren kann!"

(Matthäus 14, 28-29)

Doch dann ‚sieht er den Wind', er ‚erschrak' und er ‚hob an zu sinken'. Die Sprache der Lutherbibel führt hier etwas in die Irre. Den Wind kann man nicht sehen. Aber ich spüre ihn, er zerfetzt mir die Kleider, er wirft mich um. Ein bloßes Erschrecken mag kaum beschreiben, was Petrus hier widerfährt. Es schießt ihm durch Mark und Bein: Wie soll das gehen? Ich sterbe! Die Todesangst greift nach seinem Herzen und drückt es zusammen wie ein Schraubstock. Und ‚hob an ...' klingt reichlich feierlich. Ich würde es schlichter und deftiger ausdrücken: Er soff schlicht und einfach ab.

„Herr hilf mir!" Ein kurzer und mit letzter Kraft gebrüllter (oder vielleicht auch nur geflüsterter?) Hilferuf bleibt seine einzige Aktion in dieser Situation.

Wie gut, dass Jesus ihn wieder hochzieht.

Aber was meint Jesus mit seinen Worten? „O du Kleingläubiger, warum zweifelst du?" Worin, Jesus, besteht denn der Kleinglaube des Petrus? ‚Kleinglaube', das war ja wohl Jesu Meinung nach der Grund dafür, dass es mit dem Gehen auf dem Wasser nicht mehr klappte. Was hat denn der Petrus eigentlich falsch gemacht? Hat er nicht genug geglaubt und zuviel gezweifelt? Hätte er gläubiger sein müssen, fester an die Rettung und Erlösung glauben und an Gottes allmächtige Gegenwart? Hätte er intensiver beten müssen, möglichst noch fasten und ein geistliches Leben führen sollen? Verhindere ich, dass ich mit meinem Christsein untergehe, wenn ich gläubiger bin und frömmer? Wenn ich mich an der Bibel festhalte oder an den Gottesdiensten? Was macht denn eigentlich den Kleinglauben aus, von dem Jesus hier redet. Ist das dann doch ein Glaube nur zu 20, 30 oder 80 Prozent? Eben nur klein, ein bißchen glauben, wenig für wahr halten, zu wenig vertrauen? Dafür aber mehr und mehr zweifeln und bezweifeln? Also: Zweifel abstellen, Glaube erhöhen – und das müsste nicht passieren, was mit Petrus hier geschieht.

Was meinen sie? Was meinen die Jünger im Boot, was jene, die zweifeln und jene, die glauben? Worin besteht der ‚Kleinglaube‘ des Petrus?

Ich kann mir die Szene ganz lebhaft vorstellen, weil ich sie eigentlich immer wieder erlebe. Da geht der Petrus auf dem Wasser und jubelt. Er freut sich über das, was ihm plötzlich möglich ist. Aber dann spürt er den Gegenwind wieder. Doch er merkt, dass Wasser keine Balken hat und Glauben mit Sicherheiten nichts zu tun. Und dann steigen zuerst Fragen und dann Zweifel in ihm auf oder umgekehrt. Was habe ich da gemacht? Wie konnte ich mich bloß auf sowas einlassen? Alles auf diese eine Karte setzen. Mich einem Gott hingeben, den ich nicht sehe. Einem Jesus meine Lebenstür öffnen, der dann das ganze Haus in Beschlag nimmt. Mich sogar mit meinem Beruf von ihm abhängig machen. Wie konnte ich das bloß wagen ...?

Ich nehme wahr, dass ich ganz allein auf dem Meer bin. Die anderen sitzen weiter im sicheren Boot. Nur ich musste mich mal wieder aus dem Fenster lehnen und mich selbst riskieren. Aber ich würde doch auch gerne sicher und mit festem Boden unter den Füßen leben. Immer unterwegs mit Jesus, nur auf seine Kraft vertrauen, mitten zwischen den Wellen – wie soll ich das denn schaffen?

Ja, vielleicht war genau das die Frage des Petrus und der Gedanke, der sich da plötzich in seinem Kopf einnistet: Wie soll ich das denn schaffen? Ich schaffe das doch nie! Das mit dem Glauben, das

Beten, an Jesus festzuhalten auch im Sturm, mich an der Bibel orientieren, meinen Platz in der Gemeinde finden, vom Glauben reden und mein Christsein bekennen ... all das schaffe ich doch nicht! Also kann die Sache mit Jesus gar nicht gut gehen. „Jesus, ich schaffe es nicht! Hilfe, ich gehe hoffnungslos unter mit meinem Glauben! Ich schaffe es nicht!"

Doch was macht Jesus? Er zieht Petrus wieder hoch und fragt vielleicht noch einmal nach: „Petrus, wer hat denn gesagt, dass du es schaffen kannst und musst?"

"Na, du doch, Jesus! Du hast mich doch gerufen. Wegen dir bin ich doch aufs Wasser und habe mich dir anvertraut. Du hast doch gesagt, ich schaffe es!"

„Petrus, habe ich das wirklich gesagt? Ja, gerufen habe ich dich und ich habe mich riesig gefreut, dass du den Schritt des Glaubens gegangen bist. Aber habe ich je gesagt, dass du das mit dem Glauben schaffst? Meinst du wirklich, Petrus, du könntest auf dem Wasser gehen und ich würde das von dir erwarten? Wer bist du denn, Petrus? Bleib doch auf dem Teppich! Natürlich kannst du nicht auf dem Wasser gehen. Das weiß ich auch! Und du kannst nicht wirklich beten, und nicht deinen Glauben bezeugen, und nicht nach Gottes Willen leben, und nicht die Liebe Gottes weitergeben, und nicht Licht der Welt und Stadt auf dem Berge sein. Und dein Vertrauen kannst du auch nicht durchhalten, und glauben schon gar nicht! Petrus, was meinst du denn, wer du bist?! Von wegen, du schaffst es!"

Ich sehe die Verwirrung im Gesicht des Petrus, vielleicht erst hinterher, als er über die Szene nachdenkt. Vielleicht kapiert er dann ja auch, worin sein Kleinglaube bestand und besteht. „Ich schaffe es nicht!" Das bedeutet anders gesagt: „Ich müsste es aber schaffen. Und wenn ich es nicht schaffe, gehe ich unter mit meinem Glauben."

Welch ein Irrtum. Welch ein Kleinglaube! Wenn Petrus und wenn ich dies doch endlich verstehen würde: Christlicher Glaube ist nicht dasselbe wie ‚Gläubigkeit'. Glaube ist Geschenk und da schaffe ich nichts. Wer trägt denn? Doch wieder meine Gläubigkeit, und meine guten christlichen Taten und meine Gebete und mein frommes Leben, und meine Nächstenliebe und Bibelkenntnis? Eben nicht!

Wie war das noch: Die Kraft, aus der ich glauben kann, ist

dieselbe, die mich zum Glauben führt. Es ist die Kraft Gottes und nicht meine eigene. Wenn ich auch bis zum Hals im Wasser stecke und ich einen Hilferuf nach dem anderen absetze – Er hält mich fest. Das kann und muss ich nicht selbst hinkriegen.

Im Alltag, zwischen den brausenden Wogen, mit meinen Glaubenswagnissen und den vielen großen und kleinen Schritten auf dem Lebensbogen: Er ist mein Fundament. Er trägt. Er hält mich fest. Er garantiert meinen Glauben.
Ohne ‚Kleinglauben' wird es bei mir nicht laufen. Da bin ich genauso wie Petrus. „Herr hilf mir!" ist auch mein Standardgebet und nicht die Ausnahme. Und dass ich spüre, wie Jesus wieder nach mir greift, gehört zu den gängigen Mustern von Glaubenserfahrungen. Und das ist auch gut so. Ich denke, Petrus muss das erleben (und es ist ja nicht das erste Mal!), damit er nicht auf sich selbst vertraut, sondern auf Christus.

Jetzt legt sich der Wind. Was eben noch Angst bereitete, ist nun zumindest für den Moment gebannt. Die beiden treten gemeinsam ins Boot. Die anderen fallen vor Jesus auf die Knie. Auch sie haben ihn nun greifbar bei sich. Jesus im Kreise seiner Jünger. So ist es immer wieder in den biblischen Gechichten. Einzelne erleben aufregende Momente mit ihm, mitten im Sturm des Alltags. Aber dann geht es zurück ins Boot. Dort geht es in der Regel ruhiger zu. Was mag Petrus wohl jetzt erzählt haben? Ob er davon sprach, wie wagemutig er aufs Wasser ging? Davon, wie fest sein Glaube war und wie großartig sein Vertrauen in Jesus? Ob er aufzählte, was er alles durch seinen Glauben geschafft hat? Ob er große und fromme Sprüche gemacht hat?
Wohl kaum. Die anderen Jünger hätten es ihm auch nicht abgenommen. Sie haben ja erlebt, wie Petrus unterging und nur noch mit ihnen im Kirchenboot sitzt, weil Jesus dafür gesorgt hat.
Nein, ich vermute, Petrus erzählt den anderen, wie er es eben nicht geschafft hat, sondern Jesus ihn rauszog. Er erzählt von den Wundern Gottes mitten im Alltag und von Gottes Kraft und Liebe und Zuverlässigkeit. „Gott sei Dank!"
Das und nichts anderes wird zum Thema seines Lebens.

(Matthäus 14,30-32)

Hinweise zum Umgang mit diesem Buch

Zielgruppe

Das Buch richtet sich an Erwachsene jeden Alters.
Die ersten drei Auflagen des Buches wurden für junge Leute ab sechzehn Jahren gemacht. Die Praxis hat jedoch gezeigt, dass dieser Kurs auch für Erwachsene sehr fruchtbar werden kann und als Buch gerne gelesen wird. Also hat der Autor es überarbeitet und neu herausgegeben. Man kann es als Lesebuch und Informationsquelle zu Fragen des christlichen Glaubens für sich selbst nutzen, es aber auch gut als Geschenk weitergeben. So wird das Buch zur guten Grundlage für Gespräche mit Freunden und Bekannten, es kann aber auch für Gruppengespräche eingesetzt werden. Haupt- und ehrenamtlich Mitarbeitenden in Kirche und Gemeinschaften kann dieses Buch eine wertvolle Hilfestellung für die evangelistische Arbeit geben.

„Mehr als ein Spruch" – das Projekt zum Buch

Zu den Inhalten dieses Buches wurde ein Projekt entwickelt. Eine Materialsammlung bietet viele Anregungen zur Durchführung des Projektes in unterschiedlichen Formaten:
- Gemeinde-Seminar mit Referenten (auch Ehrenamtliche)
- Gruppenarbeit für Haus- und Gesprächskreise;
  Mitarbeiterkreise, Kirchenvorstände usw.
- Längere Freizeit mit Familien, Senioren, jungen Erwachsenen
- Offenes Gemeindeprojekt; thematisches Gemeindeprojekt

Die Materialsammlung enthält neben theologischen und grundsätzlichen Hinweisen viele Anregungen für die kreative und didaktische Aufarbeitung der Themen als auch für Gruppengespräche und für Referenten. Auf einer separat erhältlichen CD-Rom bekommen Sie Druckvorlagen, Bilder, Folien, Referentenmanuskript und alles, was Ihnen die praktische Umsetzung erleichtert.
Zu beziehen ist das Projektmaterial (Projektbuch und CD-Rom) beim Freundeskreis Missionarische Dienste (FMD)
Wriedeler Straße 14, 29582 Hanstedt I
Tel.05822 6001; Fax. 05822 6002,
Internet: www.fmd-online.de; E-Mail: fmd-buero@t-online.de

Entstehung und Dank

Dieses Buch ist nicht nur am Schreibtisch entstanden. Zusammen mit Gemeinden und Kolleginnen und Kollegen bin ich seit vielen Jahren auf dem Weg einer „verheißungsorientierten Gemeindeentwicklung" und arbeite in verschiedenen Variationen mit den Inhalten dieses Kurses.

In einem Arbeitskreis des Freundeskreis Missionarische Dienste (FMD) wurden einzelne Schritte und Inhalte des Kurses reflektiert, theologisch durchdacht und für die Praxis umgesetzt. Auch der Kurs "Christ werden – Christ bleiben" (Dr. Burkhard Krause / heute "Spur8") und "Gott erfahren" (Eckard H. Krause) sind aus dieser Wurzel entstanden und haben diesen Kompaktkurs wiederum beeinflusst.

Im Aussaat-Verlag Neukirchen Vlyn erschienen drei Auflagen von "Kompaktkurs Glaube" für Jugendliche und junge Erwachsene. Durch Unterstützung und Anregung vieler Freunde, des Freundeskreis Missionarische Dienste (FMD) und der Kollegen bei den Missionarischen Diensten Hannovers wurde diese vierte, diesmal für Erwachsene jeden Alters überarbeitete Auflage, möglich.

Dank sei auch den beiden Zeichnern Thomas Putze und Alexander Hermannspann, deren Zeichnungen Buch und Materialsammlung bereichern. Und Dank an Kirsi und Tobias, die Korrektur gelesen haben und jene, die bei Produktion und Verbreitung von ‚Mehr als ein Spruch' beteiligt waren und sind. Dank auch Marita für die ermutigende Begleitung.

Mein Wunsch und Gebet ist, dass Gott durch dieses Buch vielen Leserinnen und Lesern den Zugang zum Glauben ermöglicht. Auch hoffe ich, dass haupt- und ehrenamtliche Mitarbeiterinnen und Mitarbeiter durch Buch und Begleitmaterial wieder Mut bekommen, den Verheißungen Gottes neu zu vertrauen und mit Phantasie, Kreativität und der ‚guten Nachricht' dieses Kurses andere Menschen zum christlichen Glauben einladen.

Hermann Brünjes